心理專家的說話技巧

拯救玻璃心！教你不毒舌、不傷人，好好說出真心話

精神科医や心理カウンセラーも使っている
傷つかない＆傷つけない会話術

津田秀樹、西村鋭介◎著
陳惠莉◎譯

高寶書版集團

前言

你曾被別人的話傷過嗎？你曾說話傷過人嗎？

受過傷的人高達九十三％！傷過人的人也多達八十五％！

獲得直木賞的作家向田邦子女士在某一場演講中，曾說過這一段話。（《語言的殺傷力》新潮演講ＣＤ，新潮社）

這陣子，我越來越害怕言語的力量。（中間省略）。

與人交談時，話一旦說出口，即使下一瞬間驚覺「糟糕！說錯話了」，也已經覆水難收。如果為了消弭這個過錯而向對方道歉，也可能因為道歉的話不恰當，再度傷害到對方，反而擴大了傷害的程度。

我個人覺得，沒有比言語更容易傷害到人的。

筆者曾在名為「正統心理測驗」的手機官方網站上，針對「說話」一事做過問卷調查。（承蒙各方踴躍支持，大約有兩萬人參加）

結果，**高達七十二％的人回答「曾被別人說的話深深刺傷」**。如果把「曾受到輕微傷害」也包括在內的話，比例高達九十三％。

另一方面，**有七十五％的人表示「說話曾經傷過人」**。如果把「可能傷過人」、「對方覺得受傷」也含括在內的話，則高達八十五％。

有七成以上的人說話曾傷過人，九成左右的人被別人的話刺傷過。也就是說，**大多數的人在說話傷害到他人的同時，也被他人的話刺傷。**

你務必要知道的「不受傷&不傷人的說話術」

上述原因，是這本書產生的理由。

筆者分別是精神科醫生和心理研究專家，兩者的工作都要面對心靈容易受到傷害或是心靈已經受傷的人。在診察或諮詢的過程當中，會話佔了非常重要的比例。

說穿了，兩人都是「不受傷&不傷人的說話術」專家，專門研究如何在療癒患者心靈時活用會話的方法。

這些方法一點都不特別，都是一些在日常的會話中也可以派上用場的技巧。

在會話當中最重要的是……

即使你的話題非常豐富，而且具說服力，甚至還能適度搏君一笑，一旦傷害到對方，同樣功虧一簣。因為別人絕對不會「想跟這個人交談」。

另一方面，就算是一個不擅言辭的人，只要擁有體貼對方的心意，說話不刺傷人，對方就會覺得「跟這個人說話，心情莫名地輕鬆」，主動前來攀談的人就會增加，會話能力自然就會有所精進。

如果老在交談的過程中傷害對方，周遭的人難免會對與你談話一事產生顧慮，你自己也會排斥和他人的交流。

「讓自己受傷&傷害他人的說話」和「不受傷&不傷害他人的說話」兩者之間有著莫大的差異。隨著時間的經過，差距會越來越明顯。

讓喜歡的人喜歡自己、和重要的朋友常保友誼、與職場的同事建立圓滿的關係、獲得客戶的喜愛、和第一次見面的人一見如故……這一切的基本要素都在「溝通」，而會話正是溝通的中心。

只要採用不傷害他人或自己的溝通技巧，學習體貼人們心靈的交流方法，你會驚訝於許多事情都好轉了。如同動物會自然集中在陽光和煦的地方，花草樹木也會在陽光照耀處萌芽茁壯、結實纍纍，你將成為團體中的人氣王。

語言可以是傷人的「劍」，也可以是防衛的「盾」

向田邦子女士在前面提到的演講中還這樣說道：

我認為語言這種東西（中間省略）是人類最美好的武器，但有時候也會成為最凶惡的武器。（中間省略）

最近我更加體會到，如果不更加慎重地使用語言，我們將會抱持著沉重的心理負擔生活。

經常有人說「會話就是言語的抛接球」，真是何其貼切的形容。

可是，**有時不也像古羅馬的戰士一樣，拿著劍和盾，用劍傷害對方，同時以盾來保護自己嗎？**

基於這個觀點，本書中，筆者於每個項目都附上「劍」和「盾」的記號。「劍」討論的是有關「傷害他人」的內容。

「盾」則是「保護自己，避免受到傷害」的內容。
可能有人會說「我總是受到傷害，但沒有傷害過他人」，或者「我沒受過傷害，卻傷害過他人」吧？
即使是這樣的人，也請仔細閱讀「劍」和「盾」雙方的內容。
其實受到傷害與傷害他人是一體兩面的事情。

期望每個人都能享受溫暖的會話！

受傷與傷人都是令人難過的事情。
辛苦建立起來的人際關係因此遭到破壞更令人遺憾。
希望本書能幫助你減少這類事情的發生，讓更多人享受到溫暖的會話。
「只要跟你聊一聊，心情就變好了。」
能夠獲得別人這樣的肯定，是筆者一直以來努力的目標。

請各位讀者也一起朝著這個目標邁進。

津田秀樹、西村銳介

CONTENTS

STEP

2

言辭2

去除言辭中的惡意！

CONTENTS

STEP 3

言辭3

在言辭中添加一點善意吧！

STEP 4

肢體動作
改變你的眼神・表情・態度！

CONTENTS

STEP 5

心靈
關係越親密，越容易造成嚴重的傷害！

本書的使用方式

◎ 一共有五個階段

由淺入深的五階段升級規劃。會話是一種習慣，想要突然改變並不簡單。建議讀者抱著上課學習的心態，按部就班，逐項去嘗試實踐。

◎ 每個項目都附有「劍」與「盾」的記號

「**劍**」討論的是有關「**傷害他人**」的內容。

「**盾**」則是「**保護自己，避免受到傷害**」的內容。

◎ 另附有「不良的會話例」和「優質的會話例」

每個項目一開始會先附上「不良的會話例」，最後附上轉換成另一種說法的「優質會話例」。

會話例中會出現 A 和 B 兩個人物（偶爾也會有 C）。**A 多半都是主角**。時而是男性，時而是女性，時而是年長者，時而是幼稚園小朋友。將自己的感情轉換置入各種不同的立場，有助學會「體貼對方的說話術」。

STEP 1

言辭 1

不要話中帶刺！

任何人都可以簡單做到

「停止／採用這種說話方式」的第一步！

step 1

不要話中帶刺！——①
首先去除「極端用語」吧！

從今天開始，你可以做到的「第一步」！

從最簡單的事開始做起吧。首要之務就是，拔掉隱藏在話語中的尖刺。

最先要去除的刺便是「極端用語」。

舉例來說，當對方重複犯了兩三次同樣的錯誤時，我們可能會當面怒吼「你老是犯同樣的錯誤！」，**這時使用的「老是」就是所謂的「極端用語」**。也就是將「兩三次」這個事實，用「老是」來極端地表現。「極端用語」很常出現在我們的對話當中，例如以下的對話。

不良的會話例

粗體字的部分是不良的重點所在

A（男性上司）：「為什麼**老是**遲到！」

B（男性部下）：「對不起。我會反省改過。」

A：「看不出你有**任何**反省的樣子。還有，你**總該**記得把文件帶來吧？」

B：「啊，糟糕！一時忘了……」

A：「**真是不敢相信**。只有最差勁的上班族才會出這種紕漏。你這個人**完全**派不上一點用場。」

B：「我馬上去拿。」

A：「你**每**次都在浪費時間。就因為老搞這種飛機，才會被**大家**看不起。」

對方無法理解自己的想法讓人心急！

為什麼我們總會習慣性地使用「極端用語」呢？

那是因為我們覺得自己想傳達的意思無法如實地傳達給對方，而產生了無力感。

舉例來說，看了一部有趣的電影。所以我們告訴對方「那部電影很好看哦！」，很想把那份感動傳達給對方，對方卻完全沒有任何回應，只是冷冷地回了一聲「哦」敷衍了事。

說穿了，這樣的回應是很正常的。說話者的腦海中還縈繞著電影的畫面、迴盪著電影配樂，整個人的情緒澎湃不已。然而，對方聽到的卻只有「很好看」三個字。叫人從何感動起呢？

可是，**站在說話者的立場來看，對方的態度未免太過冷漠，讓人無法接受。**

這就是所謂的「熱臉貼冷屁股」。就像我們把石子往池子裡丟，本以為會掀起「咚！」的巨大聲響，沒想到卻傳來小小的一聲「噗」。以人類自然的心理機制而言，自然會產生「既然如此，那下次就丟更大一點的石頭試試，我不信會沒反應」的想法。**於是，遣詞用字就漸漸地加強了力道和尖銳度。**

如果簡單的一句「很好看」得不到期待的回應，我們自然就會想加強說「非常好看哦」。如果還是不行，就會使用「這輩子最好看的電影哦」之類的「極端用語」。

於是在不知不覺當中，我們就很容易增加使用「極端用語」的機會。

在最不該說的時候忍不住說出口！

現在的年輕人說話時，一定會用到「極端用語」。譬如「超」、「噁」、「爛到極點」等，在任何一個時代，年輕人都會自行創造出許多方便的用語，只要冠上這些用語，就可以強調自己的想法。

之所以會這樣，一方面是因為年輕的時候，我們都希望同伴能了解自己的感受，但同時也代表年輕人使用的詞彙不夠豐富。

隨著年齡增長，懂得的詞彙變得豐富，不但會強調自己想傳達的意思，在表達的方式上也會更下工夫。譬如，我們不再只說「那部電影很好看哦」，而是具體地點出覺得有趣的部分，例如「出現恐怖場景時感受到的不是驚嚇，而是來自心理的深層恐懼」；或者「片中如實描寫了母女間的關係，讓人笑中帶淚，產生極大的共鳴」等，擁有更足夠的能力來喚起對方內心的興趣和共鳴。

但是，即使是大人，有時候還是會忘記這件事，忍不住大量使用「極端用語」。

通常都是在叱責或抱怨他人的時候。

我們往往在最不該使用的時候，一時衝動使用了極端用語。

如果說話老是話中帶刺，刺傷對方的心靈，對方就會將心門封閉起來，反而更聽不進我們所說的話。

刻意話中帶刺是因為覺得對方沒有接收到你的想法

當我們在叱責或抱怨他人的時候，會比平常更在意對方是否確實把我們的話聽進去。

此時我們要求得到的反應是「我明白了。以後會小心絕對不會再犯同樣的錯誤」。

可是，大部分的場合裡，對方不會給我們這樣的反應。通常是令人搞不懂有沒有聽懂的曖昧態度，有時甚至看起來像左耳進右耳出一樣。

結果，我們就會變本加厲，說話更加夾槍帶棍，說出來的每一句話都刺傷了對方。如同一開頭所舉的會話例的狀況。

「極端用語」只會造成反效果！

可是，使用「極端用語」其實反而更難深入對方的內心。

舉例來說，如果我們責怪經常遲到的人「為什麼老是遲到！」，對方的內心一定會產生反彈：「哪有『老是』……前天我明明就沒有遲到……」

如果再補上一句「看不出你有任何反省的樣子」，對方的心裡就更會感到不服，想說：「我都努力反省，盡量不讓自己遲到了，竟然得不到一點點認同，那努力不遲到又有什麼意義！」

事實並沒有到達極端的地步，卻遭到別人用「極端用語」責罵時，一般人自然而然就會反駁「明明沒有這回事」，因而產生反感。

結果，這種做法反而不能讓犯錯的人產生反省的自覺。

不但如此，對方還會因為「受到不當的責罵」而感到受傷，反而更聽不進我們說的話。

當我們拿著尖刺往對方的心上刺，對方就會產生「誰要為這種人做事啊」的反彈心態，反而只會做出一些陷你於困境的事。

為了避免這樣的情況產生，我們要盡量試著避免使用「極端用語」。

其實方法並不難。只要把「極端用語」從我們的話語當中去除即可。

請看下一頁的例子。

（在這個例子當中，當事人不但去掉了「極端用語」，還用積極正向的說詞來取代，不過一開始只要試著去掉「極端用語」即可。一步一腳印，確實養成不使用極端用語的習慣，才是重要的。）

優質的會話例

畫線的部分是優質的重點所在
（）內則是說明優質的理由

A（男性上司）：「為什麼遲到？」
（只要去掉「老是」這個字眼，感覺上就不是在指責對方，像是在詢問事情的真相）

B（男性部下）：「對不起。我會自我反省。」

A：「要好好反省哦。對了，文件帶了沒？」
（只是去掉「一點都」和「總該」兩個字，就可以將不悅感削減一半左右）

B：「啊，糟糕！一時忘了……」

A：「身為一個社會人士，應該更有自覺一些。當然也有其他人忘了帶，不過你得更謹慎用心一點。」
（「不敢相信」、「最差勁」的用語太過極端，所以改用「自覺性不夠」，把「只有你」也改成「也有其他人」，「完全派不上用場」則換成「用心一點」）

B：「我馬上去拿。」

A：「要有效利用時間。我對你期待很大。」
（採用「有效利用」的積極說法，避免使用「只會浪費時間」的用語。以「我」來取代「大家」，如此一來，自然就不會口出惡言了）

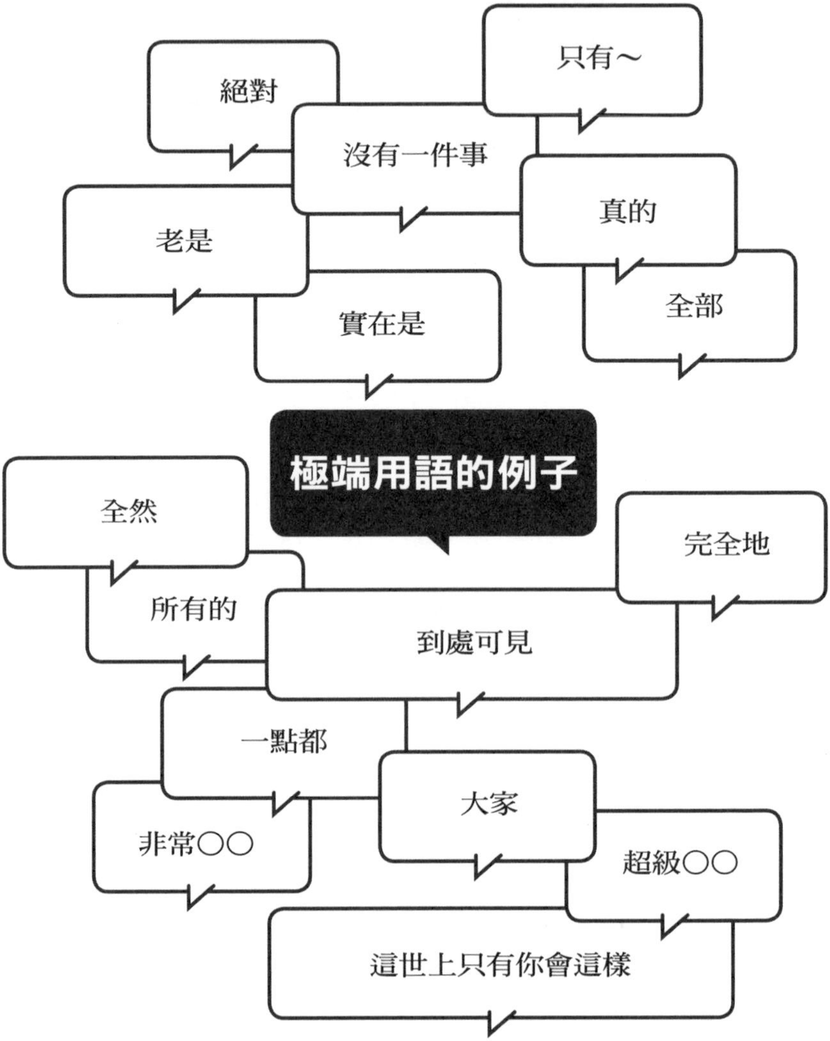
極端用語的例子
絕對
只有~
沒有一件事
真的
老是
全部
實在是
全然
完全地
所有的
到處可見
一點都
大家
非常〇〇
超級〇〇
這世上只有你會這樣

step 1

不要話中帶刺！——②

複誦對方的話！

如何不讓對方有使用「極端用語」的機會？

話說回來，即便自己注意不去使用「極端用語」，對方也許會毫不在乎地濫用在我們身上。

結果變成我們沒有惡意，對方卻不斷話中帶刺來傷害我們。

該怎麼做才能避免這樣的情況發生？

筆者在此建議使用一種叫【反映】的說話技巧。

這是醫師在聆聽門診病患自訴症狀時，經常使用到的技法。

不良的會話例

粗體字的部分是不良的重點所在

B（男性顧客）：「上次我在你們這邊購買的空氣清淨機，聲音有點吵。」

A（女性店員）：「**哦。**」

B：「一直發出『咻——』的聲音，聽起來相當刺耳。」

A：「這個產品在啟動時發出的聲音是二〇分貝，比圖書館的噪音標準四〇分貝還要低。**所以，應該不會太吵才對……**」

B：「可是，事實上就是很吵啊。我覺得很不舒服，品質太差了。根本就沒辦法使用。」

A：「**您想退貨嗎？**因為距離您購買的時間已經超過一個月以上了，所以要退貨就有點……」

B：「誰說要退貨了！妳是怎麼做生意的！叫妳的上司出來！」

讓說話者的情緒獲得滿足，他使用「極端用語」的機會就會減少！

前面提到過，使用「極端用語」的理由往往是「因為自己想傳達的事情無法如實傳達給對方，因此產生不滿的情緒」。

換言之，只要覺得「自己想說的事已充分地傳達給對方」，就會感到滿足，自然就不會隨便使用「極端用語」了。

那麼，該怎麼做才能讓對方產生這樣的滿足感呢？在此筆者建議的技巧就是【反映】。

複誦對方的話，可以讓說話者產生安心感

我們所說的技巧其實並不是什麼難事，只不過是「**一字不漏地複誦對方所說的話**」而已。這就是【反映】。

舉例來說，你在身心都覺得不甚舒服的情況下到醫院接受診療。門診時，你很努力地想要把自己的狀況說清楚。「我有這樣的狀況，覺得很不舒服」，然而醫生卻吭都不吭一聲，連頭也懶得抬一下，只丟給你一句「檢查出來的數據沒有異常，應該沒問題」、「我開藥給你」，如果得到這種待遇，你會有什麼感覺？

當然，醫生也許有把你的話聽進去。經過檢查確認沒有異狀的話，或許真的沒有什麼大問題。醫生所開的處方或許也沒有錯。

可是，站在患者的立場來說，心中難免會留下莫名的不滿和不安吧？

事實上，如果醫生採用這種方式來面對患者，治療效果絕對是差強人意的。

當患者表示「我有這樣的狀況，覺得很不舒服」時，醫生最好是回應：「你有這樣的狀況，所以覺得很不舒服嗎？」患者會因為「這位醫生非常清楚我的意思。並且是根據我的陳述幫我診斷」，而感到安心，完全信賴醫生的治療。

相信大家都有看醫生的經驗，在你的記憶當中，所謂的「好醫生」不就是這樣有明確【反映】的人嗎？

日本的醫療以前並不重視這種技巧，但最近訓練醫學院學生時已經開始灌輸這種觀念了。雖然目前能在醫療現場熟練使用這個技巧的醫生為數不多。

傾聽專家的基本要求就是【反映】

心理諮詢時也會使用同樣的技巧。

在心理諮詢的領域，這叫【反射】，諮詢師同樣要複誦諮詢者的話。這是諮詢工作的基本要項，是不可或缺的技法。

精神科醫生或心理諮詢師等以聆聽為專業工作的人們，最先要學到的就是這種【反映（反射）】的技法。

這種技法在日常會話中也非常有用。為了避免激怒對方或讓對方產生焦躁情緒，希望各位也能先學會個中訣竅。

讓對方明白，你很專注地在聆聽！

前面所舉的會話例中，當對方說「我買的商品發出非常吵雜的聲音」時，如果店員**只給對方「哦」這類語意曖昧的回覆，就會挑起對方焦躁的情緒**。因為對方不知道你是否真的把他的話聽進去了。

也許聽者自認已經專注聆聽了，但說話的人並不了解。

如果能夠明確地複誦「您購買的商品發出非常吵雜的聲音嗎」，對方就可以確定你很清楚聽到了他所說的話，自然就不會感到焦躁，也會對你願意聆聽的態度抱持好感。

如果只得到「哦」這種曖昧的答覆，對方使用的「極端用語」就會大幅地增加。相對地，給與適當的【反映】，「極端用語」應該就會減少許多。

技巧雖然簡單，若不用心，效果還是不彰

【反映】是一種很簡單的技巧，但若沒有隨時提醒自己去實行，效果還是不彰。

舉例來說，當有人告訴你「我因為這件事情倍感困擾」時，我們很容易不自覺地立刻把話題帶進解決方案的結論：「那麼，你這樣做就可以了呀。」

一廂情願地以這種方式來進行會話，其實並不是很好的做法（就這個論點來說，前面所舉的會話例中的「您要退貨嗎？」也不是很正確的方法）。如果能給對方【反映】，例如「是嗎？你為這件事情感到困擾啊。真是辛苦了」，就算提不出好的解決方案，對方在心理上也應該會感到滿足。

複誦內容不會浪費時間，反而可以節省時間

在會議進行當中，如果主席在每次有人發言時就一一複誦「您的意思就是〇〇吧？」，會議就可以進行得非常順利。此舉看似浪費時間，卻可以讓發言者感到滿足，有助於議事的進行。

一有人發言就立刻針對問題做回答，或者在對方發言途中急著辯解「不，不是這樣的」，打斷發言者的話，會議很容易會產生糾紛。重點是要正確理解對方發言的內容，提出明確的回答。若發言者無法獲得滿足，就很難寄望他能成為議事順利進行的助力。

只要記住【反映】的動作，人際關係就會變得相當圓融。釋出「仔細並且專注地聆聽」的訊息給對方，所帶來的效果將超乎我們的想像之外。

優質的會話例

畫線的部分是優質的重點所在
( ) 內則是說明優質的理由

B（男性顧客）：「上次我在你們這邊購買的空氣清淨機，聲音有點吵。」

A（女性店員）：「真是抱歉！**您在我們店裡購買的空氣清淨機的聲音太大了，是嗎？**」

（複誦對方所說的話，傳達你正仔細聆聽的訊息）

B：「還不至於太大聲啦，只是『咻——』的聲音聽起來有點刺耳。」

（只要知道自己說的話有人仔細聆聽，就不會用太過激烈的語氣指責對方）

A：「**『咻——』的聲音讓您覺得刺耳嗎？**那是數據控制馬達特有的運作聲。比圖書館的噪音標準四〇分貝還低了二〇分貝，不過，**您對這種特殊的聲音很在意啊，真的很不好意思。**」

（既然對方表示感覺「刺耳」，就不能直接加以否定。要當成是對方提出的意見來看待）

B：「啊，是這樣嗎？原來不是機器的噪音啊？那麼，我就再用看看好了。」

（知道自己的主張完全得到認同，有時候顧客會很乾脆地打退堂鼓。只要情緒的抒發獲得滿足，就會產生好感，並回報善意的態度）

step 1

不要話中帶刺！——③

避免使用不良的比喻！

第二根應該拔除的刺

僅次於「極端用語」，在我們使用的語言中最好也加以拔除的刺，就是「不良的比喻」。

所謂的比喻，就是把事物比擬成某種東西，譬如「像雪一般白皙的肌膚」。

為了強調A（白皙的肌膚），而帶出與A有共同點（白皙）並容易想像的事物B（雪）。透過這種方式，就就比單純用「白皙的肌膚」更傳神地彰顯出肌膚的白皙度。

使用比喻可以讓表現的效果更強烈鮮明。有時候甚至可以營造出趣味來。

但是，如果在抱怨對方的場合使用比喻，很可能反而會激怒對方。

不良的會話例
粗體字的部分是不良的重點所在

A（女同事）：「之前我已經教過妳這項工作的做法了吧？**為什麼這種連小學生也懂的事情妳都做不來？**」

B（女同事）：「拿我跟小學生比較也太過分了吧？別這樣嘛，今天我急著趕去約會，能不能請妳幫我一下？只要再一次就好？」

A：「自己的工作不自己做，**那不就像薪水小偷？**」

B：「薪水小偷……我們既然是職場同事，就該建立良好的關係吧？」

A：「公司是工作的地方，**可不是相親相愛的社團**。」

B：「好吧！我再也不會找妳這種人幫忙了！」

A：「我會幫妳啦。**動不動就翻臉，跟沒腦袋的男人一樣**。」

用不好的比喻批評對方，並不能促使對方自我反省

舉例來說，用「**薪水小偷**」來比喻工作態度怠惰的人，其破壞力是「**請多花一點心思在工作上**」說法的數十倍之多。

如果被批評為「薪水小偷」，應該不會有人因此深自反省「我就努力工作，避免再被人這樣批評」吧？

多數人反而會對說這番話的人產生敵意，隨時找機會報一箭之仇。

所以，最好不要隨便使用不好的比喻。就算想到什麼有趣的例子，也要盡量忍住，不要說出口。

對方面無表情不代表他沒有任何感受

有些道理我們明明都懂，但就是會不經意地做出來。

當我們指責一個人，或者對某個人生氣時，如果對方太過面無表情，看起來不痛不癢，我們就會產生「**心平氣和地對這個人說教好像沒什麼效果**」的想法，於是往往就會在話語中夾槍帶棍，使用不好的比喻。

事實上，**對方也許一開始就受到嚴重的打擊，只是拚命不讓自己的情緒表現在臉上而已**。若此時又被嚴苛的比喻追剿，只怕效果會太過強烈，造成對方更深刻的傷害。

實際上曾發生過這樣的案例，有一個老是學不好電腦的中年男子被同年紀的優秀親戚訕笑「連小學生也會用電腦」，因而養成酗酒的壞習慣。

不恰當的比喻就像打雪戰時在雪球中塞進石頭一樣。當做過了頭，對方可能會因而受到傷害。

避免讓不好的比喻變成自己的口頭禪

比喻是一種很方便的工具，往往會不自覺地變成習慣。

此外，一旦習慣使用比喻來批評一個人，時間久了衝擊就不會那麼強烈。老用「又不是小學生」來批評人，久而久之，就變成口頭禪，自然地脫口而出，即使不是真的認為對方只有小學生的水準。就如同當我們罵「狗屎！」時，根本就不會去意識自己講到「大便」一事。

但被批評的一方可就不這麼認為了。對方最直接的反應將會是：「說我只有小學生的水準，太過分了！我沒有必要讓人這樣批評！」

本來只有十的惡意將加倍傳達到對方心裡

使用言語傳達自己的想法時，有時傳出去的訊息連我們想法的一半都不到。

可是，**負面的衝擊卻會由十加倍成二〇傳達給對方。**因為人有一種特質，就是容易把注意力轉向負面的情報上。我們之所以比較關心不好的新聞也是基於這種特性。

有鑑於此，當我們批評對方時，最好多斟酌一下。譬如本來很想貶低對方十分，不妨就降到五分吧。

優質的會話例

畫線的部分是優質的重點所在
( )內則是說明優質的理由

A（女同事）：「之前我已經教過妳這項工作的做法了吧？」

（去掉「小學生」這個不好的比喻。造成的惡劣印象將會大幅減少）

B（女同事）：「對不起。今天我急著趕去約會，能不能請妳幫我做一下，只要再這麼一次就好？」

A：「自己的工作應該自己做。」

（去掉「薪水小偷」的不好比喻）

B：「我知道，可是，我們既然是職場同事，就應該建立良好的關係吧？」

A：「公和私要分清楚。」

（不要使用「相親相愛的社團」，以一般的說詞來提點即可）

B：「話是這麼說啦，下次我會注意的。」

A：「知道就好。這次我就先幫妳了。」

（去掉「跟個沒腦袋的男人一樣」。若被旁邊的男性聽到，連他也會覺得不舒服）

step 1

不要話中帶刺！——④

改以柔性不帶刺的話語回覆！

軟化尖刺，避免刺傷任何人

前面提到【反映】的重要性，但是，當對方使用「極端用語」或「不良的比喻」還有其他話中帶刺的遣詞用語時，如果我們也一字不漏地複誦回去，反而會得到反效果。

這麼做反而會擴大對方的不悅。

舉例來說，當對方說「我真是一個沒用的人」時，如果我們也回答「是嗎？你是個沒用的人啊」，任誰都會感覺不太舒服吧？

此時你要做的就是改用柔性不帶刺的方式來陳述。一方面可以幫助到對方，同時對自己也有好處。

不良的會話例

粗體字的部分是不良的重點所在

B（女性朋友）：「我最近運氣一直不好。」

A（男性朋友）：「**這就是所謂的禍不單行啊。**」

B：「我下定決心告白，沒想到卻被殘酷地拒絕。」

A：「那太悽慘了。早知道就別告白了。」

B：「我看到他跟我的朋友在路上接吻，覺得自己簡直像個白痴。」

A：「**唉，被妳看到不該看的畫面啊。這個影像一定會永遠在妳的腦海裡縈繞吧？**」

B：「偏偏在這種難熬的時候，從小跟我最要好的小狗又死了……」

A：「所謂的寵物失落感嗎？**妳真的還挺衰的呢。**」

具衝擊性的言語會傷害彼此的心靈

出乎意料的是，很多人在表達情感時會採用不太恰當的表達方式，譬如把「**任何一種都好**」說成「**隨便**」，想傳達的訊息是「**好累**」，卻一直喊「**好麻煩**」。相信你的周遭應該有很多這樣的人。

除此之外，**有些用語光聽就讓人猛然一驚**，譬如「死了倒好」、「好想死」、「毀掉」、「造成別人的困擾」、「抓狂」等等，**這類具有衝擊色彩的遣詞用語，最好改用具有同樣意思，但表達方式較柔和的措詞**。

當這些用語是針對你而來時，造成的衝擊自不待言，即便當事人只是對自己發牢騷，也一樣具有殺傷力。

聽到令人不快的用語，連我們的心也會跟著受到傷害。

如果能改用比較柔性的用語，對對方也比較有助益。

當對方的話語中充滿了尖刺時，
改用比較柔性的用語來回覆，對雙方都好

使用具衝擊色彩的用語，連記憶都會遭到扭曲！

認知心理學者洛夫特斯（Loftus）等人做了這樣的實驗。

他們讓受測者觀看車子的交通意外紀錄片，然後用不同的措詞提出問題——

「當車子『**劇烈衝撞**』時，是以多少的時速行駛？」

「當車子『**相撞**』時，是以多少的時速行駛？」

然後比較受測者針對記憶中的兩種狀況，說法有什麼樣的差異。

兩句話的不同之處只有「劇烈衝撞」還有「相撞」的用詞而已。

結果卻出現了明顯的差異。

一個星期之後，再請受測者回想意外紀錄片的內容，**被用「劇烈衝撞」這個用語提問的人，記憶中的意外程度比事實還要嚴重得多**。很多人回答在影片中「看到了破裂的車窗玻璃」，事實上，紀錄片中並沒有出現「破裂的車窗玻璃」的畫面。

也就是說，這是一種**虛假的記憶**。受測者產生了錯覺，宛如看到其實根本沒有發生的衝擊性影像。這叫**【記憶的重新構築】**。

人的記憶會受到感情的影響而輕易變形。

明明只是「發生了一點不太好的事」，有人卻會說「發生了很糟糕的事」，這些人事後就會將此事記憶成超乎事實的不祥事件。

所以，當對方說「發生了很糟糕的事情」時，我們最好用比較柔性一點的表達方式回覆，例如「發生了什麼令你不快的事情嗎？」。如此一來，當事人也可以改變想法，不再認為事情有那麼嚴重了。

用「覺得……」來代替「根本就……」

舉例來說，當有人因為感情的問題找你訴苦：「他對我根本就沒有感情了」，如果你用「已經沒有感情了啊」回答對方，反而會增加對方心中的悲情。對坦誠內心苦惱的人而言，沒有感情或許是事實，但也可能只是一種推測。事實上另一個當事人對她也許還保有情愛。

所以，回答「妳覺得你們之間好像沒有感情了哦」會比較好一些。

也就是說，當苦惱的一方陳述「客觀事實」以外的「當事人認定的事實」時，最好改用「你是這樣覺得的啊」來回答。

當有人慨嘆「我沒有才能」，就要用另一種說法「你覺得自己沒有才能啊」來回答。如果有人對你發牢騷：「運氣根本差到不行」，就改用比較柔性的回答：「你覺得運氣不好哦？」

擴大不悅的感情只會惹人厭惡

照前面的會話例模式進行互動時，就會將對方所說的內容推往更惡劣的狀況。說穿了，這就像是「火上加油」一樣。

當有人上吊時，我們勢必得將他的腳往上推，避免脖子被勒住。拚命地拉住他的腳，只會讓脖子勒得更緊。

這種做法不僅對對方沒有好處，也會讓人產生「跟那個人講話，心情就會莫名地變得惡劣」的感覺，往往成為自己遭到厭惡的原因。

優質的會話例

畫線的部分是優質的重點所在
內則是說明優質的理由

B（女性朋友）：「最近運氣一直不好。」

A（男性朋友）：「妳覺得不順的事情很多哦？」

（所謂的「運氣不好」往往只是對方如此認為，並非事實，所以最好改用「妳是這樣覺得哦」的方式來表達。避免使用「不好」之類的用語，或用比較柔性的用語）

B：「我下定了決心告白，沒想到卻被殘酷地拒絕。」

A：「剛好這次認識的男性朋友不適合吧？」

（巧妙使用「剛好」這個字眼，改成「這次認識的男性朋友不適合」來回答）

B：「我看到他跟我的朋友在路上接吻，覺得自己簡直像個白痴。」

A：「妳看到他們兩人在一起啊？可是，這樣比渾然不覺要好吧？」

（把「在路上接吻」改換成「兩人在一起」，把「白痴」換成「反而比較好」）

B：「偏偏在這種難熬的時候，從小就跟我最要好的小狗又死了……」

A：「小狗上天堂去了呀……」

（把「死了」的說法換成「上天堂」來陳述）

step 1

不要話中帶刺！——⑤

切莫詆毀對方所屬的集團！

因為不方便做個人攻擊，結果轉而攻擊集團

當你覺得「A小姐個性太任性，讓人感到困擾」，**又不好對A小姐直說「妳太任性了，讓人感到困擾」**，便轉而詆毀A小姐所屬的集團，例如「就因為這樣，我才說女人都太任性讓人困擾」，或者「O型的人都太任性了，真是讓人感到傷腦筋」。

不良的會話例
粗體字的部分是不良的重點所在

A（男性上司）：「喂，把車開進這麼窄的路，沒問題嗎？」

B（女性部下）：「本來以為可以抄捷徑，可是，現在可能迷路了。」

A：「萬一趕不上跟人約好的時間怎麼辦？我記得妳的血型是**B**型吧？就因為這樣，**所以才說B型人做事太隨便，讓人傷腦筋**。」

B：「啊，危險！」

A：「喂喂，剛才差一點跟賓士車擦撞了！**女人開車真是……**」

B：「我有兩個姊姊，她們開車技術都很好呀，而且都是美女。下次介紹給你認識一下。」

A：「**什麼？原來妳是被寵壞的老么啊？難怪那麼精明取巧**。」

有不少人在這種情況下會不自覺這樣做。**站在批評者的立場，會覺得這種說法比直接評論要柔性一點。**因為不是針對個人做攻擊，而是將對方視為集團的一員來做品評。乍聽之下，話語中的刺已經分散，刺傷單獨個體的成分應該大幅減少了。

但站在對方的立場來說，這種說法造成的傷害，比直接遭到批評還要嚴重。

當集團遭到詆毀時，就很難反駁

「因為是O型的人」、「因為是女人」、「因為是男人」、「因為是〇縣的人」、「因為是老么」、「因為是獨子」……

如果有人這樣說，被批評的一方心裡其實不是很舒服。

為什麼說「就因為女人××，讓人傷腦筋」或者「就因為O型人××，讓人傷腦筋」時所造成的傷害，比直接了當批評「你很××，讓人傷腦筋」更嚴重？

首先要知道，**這種說法其實是很卑劣的**。

如果遭人指責「你很××」，我們大可名正言順地反駁「我不××」，但是對方如果是用「女人都很××」或「男人都很××」的方式來批判，因為一個集團當中有各式各樣的人，所以無法當場斬釘截鐵地反駁「女人並不××」或「男人並不××」。

使用讓對方無法反駁的方式批評對方是一種很卑劣的做法。

被批評的內容若是一己之力無法改善的，就會衍生沮喪和怨恨

更重要的是「整個集團遭到否定時，並非個人努力就可以改善」。

如果個人遭到批評「欠缺工作能力」的話，還可以努力培養自己的工作能力。可是，如果對方的評論是「就因為是女人，所以做不好工作」、「就因為是O型人，所以才做不來」，**因為我們無法改變性別或血型，所以沒有反駁的施力**

點。就等於努力前進的道路被封閉了。幹勁當然也會跟著流失。結果不是落入沮喪的情緒，就是對說這些話的人產生怨念。

對批評者而言，這種說法也得不到什麼好處。如同前面的會話例所示，這樣對部下說話，部下的工作態度就會越發惡劣，也會對上司產生怨恨的情緒。不只是部下，這種話不論對誰說，肯定都會破壞雙方的關係。

如果對某人有意見，就直接對當事人說清楚。這樣一來，對方尚有改善的可能性，也不至於破壞人際關係。

優質的會話例

畫線的部分是優質的重點所在
( )內則是說明優質的理由

A（男性上司）：「喂，把車開進這麼窄的路，沒問題嗎？」

B（女性部下）：「本來以為可以抄捷徑，可是，現在可能迷路了。」

A：「萬一趕不上跟人約好的時間怎麼辦？妳做事可不能太隨便啊。」

（雖然同樣在指責對方「行事隨便」，但是不針對B型人做指責，比較不會引發對方的反感，容易促使對方自我反省）

B：「啊，危險！」

A：「喂喂，剛才差一點跟賓士車擦撞了！妳的開車技術真是有待改進。」

（不用「女人」這個字眼而用「妳」，感覺會好很多）

B：「我有兩個姊姊，她們開車技術都很好，而且都是美女。下次介紹給你認識一下。」

A：「妳還真是精明取巧啊！」

（「被寵壞的老么」是不必要的刺，不妨加以去除。也不要把「難怪那麼精明取巧」和老么扯在一起，純粹只要說「妳還真是精明取巧」就可以了）

為什麼「茶・咖啡」是會話中所不可或缺的？

想要有一場令人心情愉快的會話，周圍的環境也是一大要素。那麼，該如何整備環境呢？以下就透過專欄的方式來加以介紹。

第一點，會話當中不可或缺的東西是茶或咖啡。在會話開始前整備妥當，這種習慣是非常合理的。茶和咖啡當中所含的咖啡因具有提高【親和傾向】的作用。這是一種「想跟人共處、建立親密關係」的心理。實驗證實，如果將咖啡因注射到靜脈當中，【親和傾向】會一口氣大幅提升。

順便告訴各位，每 100 毫升的咖啡中含有 40 毫克咖啡因，紅茶中含有 50 毫克，而精製過的綠茶則有 160 毫克。當你想跟人親近時，不妨多喝些綠茶。

step 1

不要話中帶刺！——⑥

不要為了讚譽某件事而否定另一件事！

為了吹捧A而貶低B或C

當我們想稱讚A牌啤酒可口時，只要說「A牌啤酒很好喝」就可以了，但似乎有意猶未盡的感覺。

因為B牌或C牌啤酒也同樣好喝，甚至更美味。這時只有貶低其他東西，才能明確地凸顯A牌啤酒是最好的。譬如「B牌和C牌啤酒不好喝，A牌啤酒最可口」。

如果我們只單純地評論「A牌啤酒很可口」，應該就不會得罪任何人，萬一

我們說「B牌或C牌啤酒不好喝」，就會讓喜歡B牌或C牌啤酒的人感覺不舒服，
也會有人解讀為自己的品味遭到貶低。

不良的會話例

粗體字的部分是不良的重點所在

A（主婦）：「最近我看了以前的電視連續劇所推出的DVD，覺得很好看。」

B（主婦）：「啊，我也很喜歡看以前的連續劇！」

A：「就是說嘛。**現在的連續劇都拍得好膚淺**，但是以前的作品看起來都心有所感呢。」

B：「……我也很喜歡看現在流行的連續劇。」

A：「啊，是嗎？可是演員都不一樣呢。以前的老演員田宮二郎好有味道。而現在的演員，**像○○那些人一點內涵都沒有，實在不能拿來比較**。」

B：「……我覺得田宮二郎也很迷人，但是我也非常喜歡○○。」

A：「啊……對了，前幾天我們家的孩子給我△△巧克力，是○○拍的廣告呢。我覺得那種巧克力好好吃哦。**但是××巧克力就不怎麼樣了**。」

B：「××巧克力我也很喜歡吃……」

稱讚不會引發爭吵，貶低卻會成為導火線

當我們聽到有人說「〇〇表現得很好」時，即便心中質疑「咦，是嗎？」，通常都還是會接受這種說法，心想：「原來也有人喜歡這種調調啊。」

但是，如果認同的情緒太過強烈，除了吹捧事物本身，連帶也貶低了其他事物「一概不夠看」的話，這樣的言辭就會變成一根刺，刺往他人身上。**因為被你貶抑的事物還是會有人情有獨鍾。**

如此一來，你不但影響到別人的情緒，還會造成他人產生「跟這個人話不投機半句多」的想法，也許也會演變成言辭上的爭執。

其實本來的目的應該只是在稱讚〇〇。貶抑××只不過是補強的手段而已。**卻往往因為貶低××而讓人產生不快，或引起人際關係上的問題。沒有任何事比這樣的情況更讓人扼腕了。**

當我們想稱讚某件事物時，**只要針對目標讚譽，千萬不要加上否定其他事物的言辭，譬如「××根本不能相提並論」之類的。**這是不必要的尖刺。

人們很容易在不知不覺中犯下這種錯誤，請務必要多注意。

優質的會話例

畫線的部分是優質的重點所在
( )內則是說明優質的理由

A（主婦）：「最近我看了以前的電視連續劇所推出的DVD，覺得很好看。」

B（主婦）：「啊，我也很喜歡看以前的連續劇！」

A：「就是說嘛。看起來都心有所感呢。」

（去除「現在的連續劇都拍得好膚淺」之類貶抑別人的言辭）

B：「真的耶！」

A：「以前的老演員田宮二郎好有味道。」

（去除對現在演員的貶抑。讚譽以前的演員時未必要這樣做）

B：「我也覺得田宮二郎很迷人。」

A：「對了，前幾天我們家的孩子給我△△巧克力，我覺得好好吃哦。」

（去除對其他巧克力的批評。因為我們不知道會在什麼地方遇到喜歡那種巧克力的人）

B：「妳喜歡吃就好了。我覺得××巧克力也很好吃呢。」

第一步　先去除「極端用語」吧！

例：「**為什麼老是遲到！**」

→「為什麼遲到？」

第二步　複誦對方的話！

例：「**嗯。**」

→「因為這樣，所以您感到困擾哦？」

第三步　避免使用不良的比喻

例：「**又不是小學生，好好地把工作做好。**」

→「確實地做好工作」

第四步　改以柔性不帶刺的話語回覆！

例：「**跟部長大吵了一架，我想一切都完蛋了。**」

→「跟部長意見不同，現在雙方的關係較疏遠嗎？」

第五步　切莫詆毀對方所屬的集團！

例：「**B 型人行事真是太任性了，傷腦筋。**」

→「你行事真是太任性了，讓人傷腦筋。」

第六步　不要為了讚譽某件事而否定另一件事！

例：「**好萊塢的電影好好看哦。國片根本不能相提並論。**」

→「好萊塢的電影好好看哦！」

STEP 2

言辭 2
去除言辭中的惡意！

除非刻意提醒自己注意，
否則實行起來有點難度的
「停止／採用這種說話方式」的中級篇！

step 2

去除言辭中的惡意！——①

切莫傳達負面的情報！

「言辭中的惡意」比「言辭中的尖刺」更難去除

STEP 1介紹了可以立刻去除的「言辭中的尖刺」，在STEP 2中層級將提升一個階段，針對較難去除的「言辭中的惡意」進行討論。

你是否有過這樣的經驗？明明想幫對方的忙，出於好心教導，卻反而招來對方的怨恨？如果你有這樣的經驗，就要探究原因是否出在你傳達的是負面情報？

此外，你是否曾以傳達負面情報的方式，刻意傷害對方？雖然表面上裝作一副無辜的樣子……

不良的會話例

粗體字的部分是不良的重點所在

A（女同事）：「我想到一件事，C小姐說她不太喜歡妳，妳最好小心**一點**。」

B（女同事）：「啊！是嗎？之前我就覺得她好像對我很冷漠……」

A：「**她說妳『完全不肯幫別人的忙，任性又自以為是』**。很過分吧？」

B：「怎麼會這樣……！我只是覺得不好多管閒事而已……」

A：「**妳那個包包也跟她撞包了**。還是別拿的好。」

B：「可是我很喜歡耶……」

A：「話說回來，**妳現在吃的便當有太多添加物，吃了對身體不好**。」

好心教導有時反而招來對方的怨恨

這個會話例中的最後一句「太多添加物，吃了對身體不好」的情報是很重要的，甚至攸關生命安全，**告訴對方一定比明知不講還要好心得多。**

可是，試著想像一下。當你心滿意足地吃著便當時，如果有人跟你講這些話，會有什麼感受？一來你已經吃下肚了，二來口中還大口嚼著食物。就算是平時對添加物之類毫不在乎的人，心裡大概也不會太舒服吧？難得的愉快用餐情緒也化為烏有了。

現在應該可以理解為什麼對方會埋怨你了吧？

情報帶來的不快，會轉移到傳達情報的人身上

當然，真正該檢討的是放了添加物的便當，而不是傳達情報的人。

然而，**人們往往會把矛頭指往錯誤的方向**。

聽說在古代波斯（Persia），帶來戰敗消息的使者會被處以死刑。敗戰並非使者的錯，這種做法未免太沒道理，但帶來不祥情報的人就是會遭到池魚之殃。

這都是來自一種被稱為**【連帶原理】**的心理作用。

廣告中，好感度高的藝人和商品一起出現，就可以提高商品受歡迎的程度。其實，基本原理是一樣的。也就是說「**同時認識原本無關的A和B時，人們就會將兩者的印象混淆在一起**」。

所以，得到的情報若讓人感到不快，帶來該情報的人也會讓人感覺不舒服。

不要傳達負面的情報！

即便情報的內容是正確的，而且對對方有益，在沒有多加思索的情況下，就貿然傳達了會讓對方不舒服的情報時，反而會傷害對方，令他萌生反感。

如果你被貼上「總是帶來負面情報」的標籤，人們將自動避開與你對話。

傳達情報之前，不妨先在腦中想想：「如果傳達了這項情報，對方會有什麼感覺呢？」若判斷對方的心情可能受到負面的影響，就放棄該項情報吧。

萬一非說不可，不妨轉換成正面情報

話雖如此，但有時我們真的是為對方著想，想把情報告訴對方。這時候又該怎麼辦呢？

所謂的負面情報是指會傷害到對方的情報。如實傳達並不是最理想的做法。

記住先將情報轉換成正面情報再傳達。

以便當為例，可以這樣說：「那家店的便當非常可口哦」，建議食材安全的便當給對方。如此一來，不但可以達到目的，對方也完全不會感到不快。

類似「那個人這樣說」之類的情報尤其要注意！

前面的會話例在一開頭有一個忠告：「**我想到一件事了，C小姐說她不太喜歡妳，妳最好小心一點。**」

這是所有負面情報當中，尤其不宜傳達的情報。

不管是稱讚或貶低的言辭，透過第三者的嘴巴說出來，所造成的衝擊程度會比直接聽到要來得強烈。

從第三者口中聽到「〇〇課長對你有很高的期待哦」，比上司直接對你說「我對你有很高的期待」要讓人興奮得多。

不好的話語也一樣。如果聽到有人說「那個人不太喜歡你」，老實說，沒有人心裡會舒服的。

要謹記「**別人所說的惡言粗語，不要從我們的口中傳出去**」。別人口出惡言，卻連你也遭到排斥，豈不是無妄之災？

話一說出口，就再也收不回來了

前面針對「基於好心告訴對方」的狀況做了討論。

但是，有時候有些人表面裝作親善，事實上一開始的目的就是刻意要傷害對方，才傳達負面的情報。

心裡不喜歡對方，又沒辦法當面斬釘截鐵說出來，或是不想當壞人。此時也許就會刻意傳達讓對方感到不快的情報，譬如「那個人不太喜歡你哦」，企圖藉此傷害對方。

人有時就是會不自覺做出這種傷害他人的事情。

但是，請各位千萬要忍住這種衝動。實在忍不住的話，不妨面對面明確地跟對方說：「針對這件事我有意見。」

正面的衝突還可望重修舊好。可是，若以上述的方式來傷害對方，會使問題變得複雜，想要言歸於好就變得難上加難了。

優質的會話例

畫線的部分是優質的重點所在
( ) 內則是說明優質的理由

A（女同事）：「對了，C小姐鮮少跟妳交談，對不對？」

（就算想提醒對方和C小姐之間的關係，也不要用「不太喜歡」這個字眼）

B（女同事）：「啊，好像是吧？」

A：「她給人的感覺好像很難親近，但是前幾天她加班，我幫了她一點忙，她好高興，之後就多方面關照我。是挺不錯的人。」

（如果想給對方忠告，不妨用「幫忙會得到良好的反應」來取代「因為沒有幫忙而惹對方生氣」）

B：「哦，是這樣嗎？那麼下次如果有什麼事情，我就主動幫一下忙吧？」

A：「C小姐也有跟妳一樣的包包。妳們的喜好似乎很類似。」

（如果要傳達撞包一事，也要轉換成正面的情報）

B：「那麼，我就跟她聊聊時尚方面的話題吧？」

A：「對了，妳的便當看起來好像很好吃。隔壁那家店的便當也很不錯哦。下次不妨試試看。」

（對方正在吃飯的時候提到「添加物」的問題，就時機而言並不是很恰當。如果擔心對方的健康，不妨建議其他使用安全食材的便當）

step 2

去除言辭中的惡意！——②

切莫擅自解讀對方的想法！

讓人忍不住想吐槽「其實你是這麼想的吧！」

有些時候，我們嘴巴上雖然道歉說「對不起」，心中卻嘟噥著「囉囉嗦嗦，真煩人！」，絲毫沒有反省之意。

有時從對方的表情及態度，我們也可以察覺這一點。

這麼一來，我們會忍不住想吐槽：「你根本就沒有在反省吧！」

對方當然不會回答「你怎麼知道」。第一個反應絕對是否認說：「沒這回事！」

「不，我知道你沒有在反省。」如果還要繼續追究，就會變成一場永無休止的爭論。

這樣的會話不僅無益，有時也會傷害到對方。

不良的會話例

粗體字的部分是不良的重點所在

A（男上司）：「立刻把這件事辦好。」

B（女部下）：「是～是。」

A：「幹嘛用這種口氣？**又想偷懶嗎？**我話說在前頭，這件事很急，要立刻把它辦好。」

B：「我哪有想偷懶！人家本來就想立刻去做的！」

A：「**騙人！妳根本打算把這個工作放到最後才做吧？休想騙我。妳的表情都寫得一清二楚了。錯不了。**」

B：「好過分！既然你這樣想，那我就真的把工作排到後面再做！」

A：「**看吧！被我說中了，所以惱羞成怒吧。**」

B：「才不是呢！算了，請你把這種雜事交給別人做！」

不要成為「未卜先知」的妖怪！

當我們企圖解讀對方的想法時，會出現兩種情況。

一種是對方的心思被我們說中。

譬如，當對方說「我立刻做」時，被我們當場吐槽：「其實你根本沒打算立刻做吧？」

而事實也真如我們所說的一樣。

此時對方可能會心想「被這個人看穿了。真不能對他撒謊呢」，從此對你另眼相待。

但實際上鮮少會有這麼好的事。

就算真的被你說中，對方多半會感到不快，而不是感到惶恐。

這就是所謂的「惱羞成怒」。

日本有一則古老的故事，故事中有一名叫「悟性」的妖怪。這個妖怪可以讀出人們的心思。所以，牠相繼說中了村民的心理，結果受到村民們強烈地排斥。

自己的心思只屬於個人所有，當然不想被外人識破。

懂得巧妙掩飾自己真正的心理，才能順利過社會生活。

當場說破別人心理的行為，就形同告訴對方「你今天穿紅色的內褲」一樣。即使被你說中了，也只會招來怨恨，被罵「真是無禮的傢伙！」。

被冠上莫名的罪名，怒氣自然倍增！

另外一個問題是，我們說了類似拆穿對方心情的話，而這些話並非事實。

譬如，對著回應「我馬上去做」，而心裡也真的想立刻著手的人說：「你根本就不打算立刻做吧？」

這句話對對方而言，無疑是不可原諒的發言。因為他為了自己沒做過的事受到指責。說白了就像背黑鍋一樣。

當對方憤怒回應：「我是真的想馬上去做！」你還緊咬著：「騙人！你一定想把這個工作排到後面去做吧。少騙我。你的表情我看得一清二楚。錯不了。」這時候，雙方的關係就會越來越惡化。

「好過分！既然你這樣想，那我就真的把工作排到後面再做！」對方也許因此就真的把工作順序挪到後面去了。

就算對方的個性較懦弱，不敢正面反抗，也會在心中暗自抱怨：「我明明就沒這麼想，竟然隨便揣測別人的想法，真是太過分了。」這樣的恨意可能會一直留在對方心中。

總而言之，這些話一定會讓對方失去做事的幹勁。更有甚者，覺得自己背了黑鍋的人，也許會因此更加深心中的不悅，心想「我才不會為那種人做任何事情」。

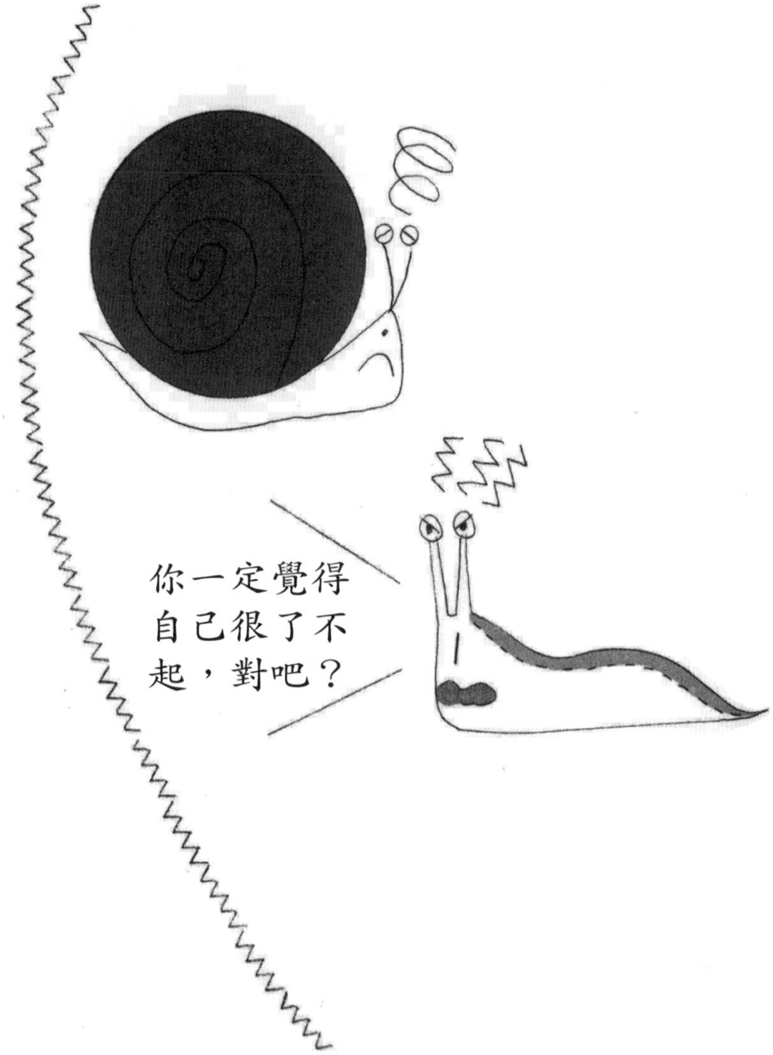

不要隨便解讀對方的想法！
不管有沒有說中，對方都會覺得不舒服。

絕對不能說「你是這樣想的吧？」

也許你自認「我很會解讀別人的心思，絕對不會有錯」，然而這是萬萬不可行的。

後面的討論項目還會詳細地說明，事實上，即便我們自認能解讀他人的心思，大部分時候都是錯誤的。

而且，正如前面所提，就算說中了，隨便解讀別人的心思也不好。**被他人看破心思真的是件令人感到不快的事情。切記不要做出這樣的事。**

如果對方表現得太明顯，不知不覺當中，我們難免會有衝動想說：「你心裡在想○○吧？」這時請務必忍耐下來。

因為不管你有沒有說中對方的心思，大多不會有好結果。

這種行為就像購買沒有中獎機率的彩券一樣。千萬別浪費心思去做這種事。

優質的會話例

畫線的部分是優質的重點所在
（）內則是說明優質的理由

A（男上司）：「立刻把這件事辦好。」

B（女部下）：「是～是。」

A：「為什麼用這種口氣？」

（如果要指責，只能針對對方實際做出來的事情。這樣一來，對方才會坦率地道歉。千萬不要擅自解讀別人的想法）

B：「對不起。」

A：「知道錯就好。我很急，就請妳立刻進行囉。」

（若要提醒對方事情的急迫性，盡量用沉穩而肯定的語氣）

B：「我打算立刻進行，請放心。」

A：「謝謝了，真是幫了我一個大忙。」

B：「沒什麼。如果還有其他事情需要幫忙，請直說無妨。」

（因為沒有擅自解讀對方的心情，所以後續的發展也大相逕庭。就算實際的情況沒有這麼順利，至少也不會產生糾紛）

step 2

去除言辭中的惡意！——③

切莫擅自揣度對方的言辭！

對方的話語中明明沒有惡意……

前一章節提到了「擅自解讀對方的心思，『造成了對方不便』」一事。重點在於「這樣的解讀會傷害到對方」。相對地，我們也經常會做出「**擅自解讀對方的心思，『造成了自己不便』**」的行為。而「**這種解讀的行為會傷害到自己**」。

對方的言語中明明沒有惡意（至少可能沒有惡意），而我們卻擅自在對方的言辭中加油添醋。

以下的會話例就是最好的例子。

不良的會話例

粗體字的部分是不良的重點所在

B（男同事）：「待會兒大家要一起去喝兩杯，你也一起去吧？」

A（男同事）：「這個嘛……（**我是最後一個受到邀約的，難不成我遭到排斥了？**）」

B：「聽說有家不錯的義大利餐廳哦。」

A：「哦？是嗎？（**這傢伙應該知道我討厭蕃茄跟起司的。**）」

B：「如果你還有其他預定的計畫，就不勉強你了。」

A：「我最近比較忙些，下次再說吧。（**看，他果然不希望我去。**）」

B：「什麼嘛，真難伺候。」

察覺言外之意雖然有必要……

人們有時不會直接說出心中所想的事情，而是採用暗示的方法。

舉例來說，當有人說「快中午了！」，就是催促趕快吃午餐的意思；當有人說「您一定很忙吧？我就此告辭了」，不代表他體恤你，事實上是他自己很忙，所以想回去了。

如果沒有明確察覺這些細節，只回應一聲「哦，都中午囉」，然後什麼都沒有張羅，或者還不識相地挽留對方「哪裡，我不忙，請再多待一會兒」，難免會被冠上「遲鈍的人」的稱號，有時甚至還會出糗。

為了避免出糗，人們總會企圖去解讀對方話裡的真意。也就是找出潛藏在言辭背後的真正意圖。

也就是「**推測對方潛藏在言語背後的真正心思，了解對方為何會對我們說這些話**」。

太過迫切想解讀對方真正的心思，情況恐將往負面發展

然而，過度揣度卻會演變成「**擅自解讀成對方完全沒想到的事**」的情況。

對方只是單純地問一句「假日都做些什麼活動？」，就過度樂天地解讀成「這個人想跟我約會」，如果只是這個程度倒還好。

一旦過度解讀，人們很容易產生被害妄想的傾向。

「這個人是不是討厭我？」、「他是在嘲笑我嗎？」……刻意掩飾的意圖中，最惡劣的就是「針對自己的惡意」，越是企圖深度解讀對方的心思，這樣的憂慮就會越強化。

嚴重的時候，還會將別人的意思整個倒轉過來解讀，譬如有人對我們說「你頭腦真好」時，我們就擅自解讀為「他覺得我是個笨蛋」；有人讚美「好漂亮的房子啊」，我們卻認為對方是在嘲笑「好寒酸的房子啊」。

擅自往負面解讀導致自我毀滅就太不值得了

也有人這樣說：「雖然有人會來找我談事情，但我相信那是因為他認為我沒什麼朋友，跟我說的事不會被傳出去。對他而言，我一定只是一個情緒垃圾桶。」現實當中，也許對方是因為相信這個人，才會上門尋求各種意見。至少不會把人當成垃圾桶看待吧？

然而，有些人卻用負面的觀點來單方面解讀，讓自己的情緒落入萬丈深淵。不覺得這是很不值得的事情嗎？

人只要起了疑心，不管發生什麼事，都會做負面解讀。老是這樣看事情，不但會導致自己的情緒低落，和對方的關係也將無法順利展開。

這種行為就像是對方明明沒有任何惡意，我們卻自行負面解讀，自尋毀滅。

「不要自尋煩惱」↓「坦率地接受吧」

不要在對方的言辭中加油添醋，做不當的聯想。

當我們曲解對方所說的話，質疑「他一定很討厭我」的時候，請試著自我反省，告訴自己：「啊，這是我自尋煩惱。對方明明就沒有這樣說。」

一旦把事情往負面解讀，就會如前面的會話例一樣，所有的事情都往負面去連結，結果更強化了我們自己的揣度，因而產生惡性循環。

請盡快修正自己的心態，回到正確的軌道上，「坦率地接受別人的說辭」吧。

以正面的態度接受對方的說辭，結果會比較順利

也許有人會質疑：「可是，有時候我們的解讀不也中了？」

沒錯，有時候對方確實對我們有敵意。

如果沒有發現這一點，對別人的所言所行一概全盤接受，直率地回應，或許會被當成笨蛋看待。**可是，話又說回來，這時候裝傻也未嘗不好。不，應該說，做個傻瓜也許還比較好。**

前面也提到過，說中對方的心思會導致對方不愉快。如果對方本來就有惡意，將使雙方的關係更加惡化。就算對方有惡意，若能以善意的方式做解讀，雙方的關係也比較能獲得改善。

根據心理學家雷根（Regan）的實驗，只要充滿善意地給對方一瓶果汁，對方就會用比之前更和善的態度與我們交流。

原本就對我們存有善意的人自然不在話下，更讓人驚訝的是，這種做法對本來對我們有厭惡感的人也一樣有效。

人類有一種很自然的心理機制，只要接受別人的好意，多半都會以相同的善意回報，這叫**【善意的回報性】**。只要雙方都抱持著善意互動，關係自然就能獲得改善。所以，面對別人釋出的善意，我們要對等回應，即便是敵意，最好也以善意回報。

優質的會話例

畫線的部分是優質的重點所在
( )內則是說明優質的理由

B（男同事）：「待會兒大家要一起去喝兩杯，你也一起去吧？」

A（男同事）：「謝謝。（真高興他來邀我）。」

（既然對方來邀約就接受他的好意，不管對方的真正想法是什麼，這麼做最不會破壞彼此的關係）

B：「聽說有家不錯的義大利餐廳哦。」

A：「我不喜歡蕃茄和起司，不過一定還有其他的選擇吧？」

（挑選店家不容易。就算不符自己的喜好，也不要惡意解讀）

B：「啊，對哦！對不起，我一時忘了。下次挑選店家時我會注意一點。」

A：「沒關係、沒關係。是我太挑嘴了。」

（此時也不要把「一時忘了」解讀成刻意的「輕忽」）

B：「如果你有其他的預定計畫也不用勉強。」

A：「謝謝你這麼體貼。沒問題的，我也插一腳！」

（直率地接受對方的說法，不要把「不用勉強」解讀成「不希望你來」）

step 2

去除言辭中的惡意！——④

切莫用質問的形式去究責他人！

人在太過惱火的時候，就會用質問的形式去指責對方

當我們對人提問的時候，一般都會要求得到一個答案。

可是，在日常生活的會話中，**我們經常會提出某些質問，而這些質問的目的並不在尋求答案**。舉例來說，有些上司會質問遲到的員工：「**你喜歡遲到嗎？**」這樣問的重點並不是尋求「喜歡」或「討厭」的答案，**而是對遲到一事太過生氣、想強烈指責對方，才會以質問的形式表達出來**。

但是，像這樣無法回答的質問，對於被質問的一方而言是一件很難過的事

情。這類問題明明就很難回答，而不回答又會更加惹惱對方。

這樣的追問方式不但無法激發對方反省的心態，反而會撩撥反彈的情緒。

不良的會話例

粗體字的部分是不良的重點所在

A（男上司）：「這個工作因為你而沒能順利推動。**針對這件事，你有什麼想法？**」

B（男部下）：「對不起……」

A：「**這是第幾次失誤了？你喜歡失誤嗎？**」

B：「對不起……」

A：「我問你，**你知道什麼叫工作嗎？**」

B：「對不起……」

A：「**你只會說對不起嗎？**」

B：「還會說其他的話。」

A：「你胡扯什麼！**開什麼玩笑？！**」

無法回答的質問會封閉溝通的管道

搞笑團體 Down Town（由濱田雅功和松本人志組成）早期的相聲表演有這麼一段橋段。

松本：「給你猜。太郎到花店去買花。說，是什麼呢？」
濱田：「等一下！到花店去買花，是什麼呢？這是什麼鬼問題？」
松本：「答錯！第二個問題。花子小姐到澡堂去。說，怎麼樣呢？」
濱田：「就叫你等一下嘛！到澡堂去，怎麼樣呢，這叫人怎麼回答啦！」

「無法回答的質問」是逗趣的做法，會引人發笑，沒有人會出這樣的謎題。但在現實生活中卻有很多人會提出無法回答的質問。結果卻不是逗笑對方，而是激怒對方。

「考出這樣的成績，你究竟想怎樣？」

「跟那種女人鬼混，你到底在想什麼？」

「連這種工作都做不好，你的腦袋裡裝了什麼東西啊？」

我們確實是很想問清楚這些問題，才會在尚未理解對方心情的情況下，自然地變成質問的形式。這是情有可原的。

可是，以這種形式提出質問，對方所給的答案不是「對不起」，要不就是默不作聲。

僵持到最後，就會出現「你就只會說對不起嗎？」這樣的質問，使得對方連道歉的話語都說不出口了。

雙方的溝通於是停擺。

傷害的力道增加，反彈的力道也跟著提升

並不是叫你不要生氣、不要責罵。

只是請你記住不要使用質問的形式。

「這樣的成績，你得再加把勁！」

「就別再跟那種女人見面了！」

「連這種工作都做不好，要再努力一點！」

同樣是在抱怨，這樣的說法卻好多了。

為了增加言語的力道而採用質問的形式，確實可以提高傷害對方的力道。可是，對方的心受到傷害之後，也會萌發出相對程度的恨意，想要以牙還牙。

已經有答案的質問只會過度逼迫對方

已經有答案的質問也不是一種好方法。

有些媽媽會質問孩子「唸書了沒？沒有嗎？」、「可以把東西放在這裡就走人嗎？」，這種問法也是很不智的。

大人也一樣。「你這樣做是想跟我分手吧？」、「這樣做事，意思是請我把你開除嗎？」

要盡可能避免強迫對方回答已經有固定答案的問題。

優質的會話例

畫線的部分是優質的重點所在
( ) 內則是說明優質的理由

A（男上司）：「這個工作因為你而沒能順利推動。你自己反省一下吧。」

（不要問「你有什麼想法？」，直接說「反省一下吧」會比較柔性一點。）

B（男部下）：「對不起，我會反省的。」

A：「這已經是你第三次失誤了。不要再反覆出現失誤了。」

（企圖讓對方說出次數等於是對他的一種屈辱。明知道沒有人會喜歡失誤，卻又問「喜歡失誤嗎？」，是更不好的做法）

B：「我會注意，避免出現第四次錯誤。」

A：「有不懂的地方可要來問我哦。」

（避免用「你知道什麼叫工作嗎？」，改用「有不懂的地方要問」）

B：「謝謝您。下次我會去請教您。」

（之所以只能不斷說「對不起」，是因為已經落入無法回答的質問模式。就算回答也只會激怒對方。不使用質問來追究，對方的回答應該不會只是一聲「對不起」，會得到更好的回應）

step 2

去除言辭中的惡意！——⑤

以過去式看待，潤飾用語！

精神科醫生的會話訣竅——【過去式化】

以下介紹一種精神科醫生平常使用的說話技巧。

假設有病患因為「最近心情非常沮喪」來求診。面對這樣的病患，同理心當然很重要，不過，訣竅在於以「**過去式**」來複誦對方以「**現在式**」陳述的事情，譬如「**你之前非常沮喪啊**」。**因為現在感到苦惱，才會覺得難過。應該要讓對方清楚了解，過去的事情就過去了。為了達到這個目的，醫生會刻意地把對方所說的話【過去式化】**。如此一來，對方也比較容易在情緒上獲得整理。請務必嘗試看看。

不良的會話例

粗體字的部分是不良的重點所在

B（男朋友）：「最近覺得心情好沮喪……」

A（女朋友）：「**這一陣子就覺得你臉色不好**。怎麼了？」

B：「跟上司的關係有點問題……」

A：「原來如此……**如果跟上司處不來，今後日子就不好過了**。」

B：「就在我最想見妳的時候，妳卻突然取消了約會。氣死我了！」

A：「**還在生氣啊？真是固執啊！**今天我人不是來了嗎？」

B：「妳太任性了。沒人懂我的心情！」

強調「現在式」，會讓人更沮喪

以這個會話例而言，當男朋友發牢騷：「最近覺得心情好沮喪……」時，女朋友回以「覺得你臉色不好」，**等於認同他現在正處於沮喪的情緒當中，強調這件事是「現在式」**。

男朋友會覺得「我看起來果然就是這樣子……」，心情更加沮喪。

日常生活中使用「**之前發生了什麼事情，讓你那時這麼沮喪**」的會話模式，乍聽之下似乎有點奇怪，但還是建議你回答時盡量使用這樣的語意回覆。

譬如「發生了什麼讓你覺得沮喪的事情嗎？」

加上【保留】和【指出對方的個人執著】的方式也頗具效果！

承續前面的會話例，心情沮喪的男朋友說出了「跟上司的關係有點問題」這樣嚴重的問題。

此時除了將說辭【過去式化】，如果再加上其他的小技巧，就會有更好的效果。

第一種就是加上「之前」或「前一陣子」之類的表現方式，這就是【保留】的技巧。透過保留的方式，就可以讓對方了解「這個煩惱不會永遠持續下去，是會改變的」。

另外一個技巧是【指出對方的個人執著】。和上司的關係有問題或許是事實，但也可能只是他個人對此事過度解讀。所以，可以用「**你是這樣想的吧？**」來重新詮釋對方的話語。只要讓對方注意到「這純粹只是個人的看法」，往往就能讓他的煩惱獲得減輕或改善。

適度使用【過去式化】和【保留】、【指出對方的個人執著】的方法來重複對方的話，你的回答就會變成「**現在你覺得之前和上司的人際關係不是那麼順利，對吧？**」。

這是精神科醫生在臨床診療現場經常使用的說法。

精神科的診療現場和實際的會話當然有所不同，但可以靈活應用的機會應該相當多。

重點在於，不論採用哪一種技巧，都要對對方的心情產生共鳴，在認同對方的同時，也讓對方知道「**那是你個人對於過去發生的事情的解讀而已**」。

先學會使用【過去式化】就綽綽有餘了！

前面介紹了【過去式化】，還有【保留】和【指出對方個人的執著】等技巧，但是要同時熟練使用這三種技法有相當的難度。

其實只要先學會使用【過去式化】就綽綽有餘了。

另外兩個技法只要放在心上就夠了。

【過去式化】能夠帶來對未來的希望

在STEP 1中，我們介紹了【反映】這種做法。方法就是「一字不漏地複誦對方所說的話」。

在一來一往的複誦過程當中，若是能將事情【過去式化】，重新詮釋對方所說的話，層次就更提升一個等級了。

把苦澀的感情和「過去」串連在一起，與「現在」做個切割，如此一來，就可以對「未來」抱持著希望。

別讓過去的種種停滯在現在，甚至整個帶到未來，過去就讓它過去，從今開始，朝著新的未來前進。

適當的遣詞用語，能幫助你激發出正面的心情。

用來中和對方話語中惡意的【過去式化】

前面討論到的說話方式著重在如何幫助對方。接下來要談到一個很重要的主題，就是如何保護自己。

【過去式化】也可以有效地幫助中和對方針對你而發的惡意言辭。

當有人對你說「我還在為當時的事情生氣呢！」，「當時」雖然已經是過去式，但對方的怒氣卻是現在式。

這時候，我們就要很有技巧地把對方發怒一事化為過去式，譬如「當時我惹你生氣了哦」。

對方之前的確是感到生氣，所以這種說法是正確的。而且也能有效讓對方意識到「生氣已經是過去的事情了」。

這種說法也能讓對方比較容易接受「**過去我雖然惹你生氣，但是現在不同，今後我會更加進步**」的事實。

也許你會認為「事情哪有這麼容易」，但請務必嘗試【過去式化】這個技巧。

只要把事情歸為過去，坦率地道歉，針對未來抱持著積極的態度，就可以大幅減輕對方的憤怒。

至少事情的發展應該會比面對「現在式的憤怒」要好得多。

優質的會話例

畫線的部分是優質的重點所在
（ ）內則是說明優質的理由

B（男朋友）：「最近覺得心情好沮喪……」

A（女朋友）：「發生了什麼讓你感到沮喪的事情嗎？」

（把現在感到沮喪的事情以過去式來表現）

B：「跟上司的關係有點問題……」

A：「原來如此……。你覺得之前跟上司處不來哦？」

（把處不來一事歸為過去式，讓對方容易對今後抱持希望）

B：「我最想見妳的日子，妳卻突然取消了約會。真是氣死我了！」

A：「當時我一定讓你感到很生氣吧？真是對不起。我不會再這樣了。今天就讓我們好好地痛快一番吧。」

（把發怒一事歸為過去式，誘導對方轉換情緒。這樣一來，不但有益於對方，你也可以躲過一場風暴）

B：「說的也是。我們難得有時間聚在一起。」

STEP 2

言辭 2
「去除言辭中的惡意！」

第七步　切莫傳達負面的情報！

例：「**C 小姐說她不喜歡妳。**」
→這種事情就別再傳達出去了

第八步　切莫自行解讀對方的想法！

例：「**反正你就是不想做吧！**」
→「你想做嗎？」

第九步　切莫擅自揣度對方的言辭！

例：（**表面上誇獎，事實上是在嘲笑我吧……？**）
→（他這樣稱讚我實在讓人高興！）

第十步　切莫用質問的方式責備他人！

例：「**考這樣的成績，你究竟在想什麼？**」
→「要加油，考好一點哦！」

第十一步　以過去式看待，潤飾用語！

例：「**現在你還在生氣吧。**」
→「那時我惹火你了吧。」

STEP 3

言辭 3
在言辭中添加一點善意吧！

除了停止使用充滿惡意的說話方式，

不妨也添加一點善意吧！

step 3

在言辭中添加一點善意吧！——①

有求於人時，一定要加上對方的稱呼！

去除惡意之後，試著添加一點善意！

前面的章節提到了去除言語中的尖刺和惡意的重要性。

去除言語中不好的東西確實很重要。因為一旦摻進尖刺或有毒的東西，再怎麼美味的料理都會毀於一旦。

但是，去除尖刺或有毒物之後，如果能再加上美味的調味，就會成為一道更讓人喜愛的料理。

所以，現在我們要談的不是「去除」，而是「添加」。

有句話叫錦上添花、糖中加蜜。不妨在言辭中添加一點善意（蜜糖），不但可以避免傷害對方，同時也能避免自己受到對方的傷害。

不良的會話例

粗體字的部分是不良的重點所在

A（丈夫）：「**喂**。」

B（妻）：「要茶，對吧？」

A：「不是。」

B：「啊，那是要啤酒了？」

A：「**那個呢？**」

B：「對不起，平常吃的下酒菜吃完了。」

A：「**啐！**」

B：「……」

太過惜字如金是一種失禮的行為

上述這樣帶有大男人主義色彩的會話應該已經很少見了吧？但是，這裡的問題不是大男人主義，**是省略了許多言辭**。

即使是現在，我們在言談之間也經常會「省略言辭」。不只是在家裡，在公司裡也一樣。**我們很容易對熟識的對象，尤其是下屬，做出這樣的事。**

這同時也是一種親密關係的表現，相信有很多人並不認為這種行徑有那麼惡劣。**但是，我們並不會用這種方式對長輩或上司說話，就證明了這樣的遣詞用語多少還是會讓人覺得有點失禮。**

在藤子不二雄的ＳＦ短篇《女人的武器》當中有一幕是上位者「嗯哼」一聲的時候就是要奉茶，「哦哼」一聲的時候就是要送上香菸，若下屬沒有適時奉上，就會遭到怒叱：「連嗯哼跟哦哼都分不清楚嗎！」

省話到這種地步，當然會引起對方的不快。

一定也有不少人是因為健忘，遲遲想不起事物的名稱，才用「這個」、「那個」來代替。

除非是真的忘了，否則最好不要太過惜字如金。完整地傳達訊息，不但可以表達對對方的體貼，更能讓人享受到愉快的對話與溝通。

最先要添加的善意是「姓名」

說到千萬不可省略、要特別注意的重點，就是「**對方的姓名**」。

跟對方說話時，要明確地稱呼對方的名字，千萬不可省略，這是最基本的禮貌。

所以，最初該添加的善意便是「姓名」。

之所以會一再強調，是因為實際上對方的名字是最容易被省略掉的部分。

有很多場合確實不須刻意稱呼對方的姓名。譬如對方就在眼前，或當場就只有兩人在對話，或是從談話的內容就能知道是在對誰說話。

仔細想想，也許會發現我們每天都與某些人對話，卻已經有很長一段時間沒有稱呼對方的名字了。

稱呼對方的姓名可以滿足對方身為一個人的基本欲求

電視連續劇《古畑任三郎》中有一個讓人發噱的橋段：擔任副警部的古畑任三郎永遠都記不住警察向島音吉的名字，每次碰面都要重問一次。

這樣的戲劇橋段之所以有梗，是因為遲遲記不得對方的名字是件相當失禮的事情。

沒辦法讓已經見過幾次面的人記住我們的名字，實在是一件很悲哀的事情。

相對地，只見過一次面的人在下一次碰面時，若還能夠清楚記住我們，一字不差叫出我們的名字，光是這樣就足以讓人感到喜悅。

人們往往都有一種基本的欲求，那就是在別人的認知當中，自己是一個獨特

的個體，而不是一大群人的一分子。

所以，稱呼對方的名字可以讓對方產生「他真的認識我」的感覺，這份喜悅會讓對方對你充滿好感。

有求於人的時候，別忘了稱呼對方的名字

古畑也有他個人的優點所在。雖然老是記不住對方的名字，但是明確問了名字之後，**和對方說話時就會一直稱呼對方的名字**：「向島，我說啊……」

尤其當我們有求於人的時候，一定要稱呼對方的名字。

不是「這個工作就有勞你了」，而是「○○先生，這個工作就有勞你了」。

不能用「課長，這是我的企劃書」，要用「○○課長，這是我的企劃書」。

不要說「放在那邊的遙控器拿給我」，要說「○○，放在那邊的遙控器拿給我」。

即便是夫妻之間，或關係已經親密到不需刻意稱呼對方名字的人也一樣。**清楚稱呼名字，可以給對方一種「我沒有輕視你」、「不是任何人都跟你一樣」、「你一直很體貼我」的信賴感和安心感。**

優質的會話例

畫線的部分是優質的重點所在
( ) 內則是說明優質的理由

A（丈夫）：「優子。我口好渴，有沒有什麼可以喝的？」

（稱呼對方的名字，同時清楚地傳達自己是基於什麼理由，有何要求？）

B（妻子）：「那我去泡茶吧？」

A：「啊，優子，等一下。我想喝冰涼一點的東西。」

（稱呼對方的名字，不要一味地否定對方的提案，要讓對方清楚自己所求為何）

B：「那麼，啤酒怎麼樣？」

A：「那好。優子，不好意思哦，可以順便幫我準備一些平常吃的下酒菜嗎？」

（稱呼對方的名字，不要省略用語，只用「那個」來代替，清楚地說出「下酒菜」）

B：「對不起，平常吃的下酒菜吃完了。」

A：「是嗎？那麼，去買些回來好嗎？」

（憤怒地發出「啐」的聲音，以省略的形式來說明事情，是非常不智的。此外，不要一味地抱怨，提出解決的方案比較有建設性）

專欄 2 ｜營造不受傷＆不傷人的環境

嘗試在日常會話中加入音效！

在電影或電視劇中，出現悲哀的畫面時會響起悲傷的音樂，愉快的畫面時有輕快的音樂，當出現驚悚的畫面，則會配上暴風或雷電等音效。因為這麼做具有讓人感覺更悲傷、更愉快、更恐怖的效果。也就是說「感情容易受到音效的影響」。

我們也可以把這種觀念帶進日常的會話中。想要對方傾聽我們訴說難過或苦惱的時候，約在流瀉著恬靜音樂的餐廳等場所會比較理想。想要在房裡告訴對方時，就播放悲傷一點的音樂。如此一來，對方比較容易站在同理心的立場聆聽我們的訴說。在充斥著電視綜藝節目等熱鬧音效的環境中交談，只怕無法令人產生同理心，也會讓自己受到傷害。播放與自己說話的內容吻合的音效，可以讓會話的氣氛更輕鬆自然。

step 3

在言辭中添加一點善意吧！——②

稱讚事物的時候也不吝於讚譽人

刻意稱讚卻弄巧成拙的案例

稱讚「對方」也是在會話中添加善意的基礎做法。可是，稱讚他人卻出乎意料地困難。**我們經常會犯的失敗就是只知道稱讚對方的所有物。**

稱讚對方的所有物當然是件好事。有時候人們會想炫耀自己而購買昂貴的包包。這時就應該直率地稱讚對方：「好棒哦。真羨慕。」可是，**如果只稱讚對方的東西，就好像有弦外之音：「我稱讚的是東西，不是你。」**

有時候我們的本意是想稱讚對方，卻反而傷害了他，惹得他不悅。

不良的會話例

粗體字的部分是不良的重點所在

A（熟識的女性）：「妳那件衣服好好看！**在哪裡買的？**」

B（熟識的女性）：「我在○○買的。」

A：「**多少錢？**」

B：「比想像中便宜。」

A：「**有不同顏色的嗎？**」

B：「只有這種顏色。」

A：「**我也好想要哦。妳覺得我適合嗎？**」

B：「這個嘛……（對我本人卻連一句好聽話都不說）」

不要忘了「東西↓本人」的流程

只問衣服的事，最後還把重點轉到自己身上。這樣的做法會讓對方覺得很不舒服。

不只是東西，髮型也一樣。

最常見的狀況就是多次讚美對方：「妳的髮型好可愛！」**對髮型非常適合當事人一事卻隻字未提。**這就好像在說，我說的可愛純粹是指髮型，不是妳本人。

應該稱讚的主體應該是對方本人。當我們稱讚對方的所有物時，一定要將話題帶往稱讚他本人的方向。稱讚人時有兩個重點。那就是「非常適合你」和「眼光真好」。

「那個包包好好看哦！」↓「跟妳非常搭調」↓「選擇這樣的包包，妳的眼光真好！」順著這個流程，從物品開始稱讚，最終讚美本人，是最好的流程。

如此一來，可以讓對方的心情非常愉快，對你也會抱持好感。

優質的會話例

畫線的部分是優質的重點所在
( )內則是說明優質的理由

A（熟識的女性）：「那件衣服好好看！跟妳好搭哦。」

（不只要稱讚衣服，也要稱讚對方）

B（熟識的女性）：「真的嗎？謝謝。」

A：「妳的眼光真好。穿起來漂亮，又有成熟的味道。」

（除了外表之外，稱讚對方的眼光也很重要。此外，稱讚對方的外表時，具體的稱讚比一句「很搭」更能讓對方覺得自己真的很適合那件衣服）

B：「太好了！我打算穿著它參加派對。如果不嫌棄的話，妳要不要也一起去參加？」

（只要懂得巧妙地稱讚對方，讓對方高興，對方也會回報以善意）

A：「可是，我沒有可以穿的衣服。」

B：「我告訴妳我是在哪裡買的。想不想現在去看看？」

step 3

在言辭中添加一點善意吧！——③

誇讚對方他希望受到誇讚的部分！

有時明明是要稱讚對方，卻反而傷到了人

承續前一篇的話題。

每個人想獲得稱讚的點不一樣。譬如，有人希望外表獲得稱讚，但也有人希望是因為內涵而獲得賞識。稱讚一個希望外表獲得肯定的人有內涵，反而會讓他感到沮喪：「他稱讚我的內涵，意思是我的外表很差嗎？」相對地，去稱讚一個希望內涵受肯定的人的外表，也一樣會讓對方感到洩氣，認為「這個人只重視外表」。

稱讚對方希望獲得肯定的點是很重要的，萬一弄錯了，原本發自內心的由衷讚美，反而會傷害到對方。

不良的會話例

粗體字的部分是不良的重點所在

A（與公司有生意往來的年輕男性職員）：「社長，這張畫是畢卡索的**真跡嗎?!**」

B（有錢的男社長）：「當然是真跡。雖然只是一張小小的畫。」

A：「**原來社長也喜歡畫啊！其實我也很喜歡，假日時經常到美術館……**」

B：「……哦，是嗎？我打算把這張畫掛到我的別墅去。昨天我買的第五台賓士車也送到了，好久沒有自己開車了，昨天開著車到別墅去，過了好悠閒的一個假日。」

A：「**您去靜養嗎？那最好不過了。因為您好像一直都很忙。**」

B：「晚餐我還吃了三片厚厚的牛排。」

A：「**您的胃還好吧！**」

B：「……你可以回去了。」

對方會釋出訊息，告訴你該稱讚的點在哪裡

請人幫忙搔背時，對方搔的部位若有些微錯偏，反而會讓人更煩躁。

被稱讚時也一樣。本來希望自己的能力受到肯定，別人卻猛稱讚我們的努力；本來希望別人稱讚我們的興趣優點，人家卻只看到我們有錢。

「我想要被稱讚的地方不是那裡！」如果稱讚的結果只會使得對方焦躁，那就失去了稱讚的意義。

請人幫忙搔背時，自然會給對方明確的指示：「右邊一點，再往下一點。」請對方做些調整。

其實，受到稱讚的一方也會不經意地釋出訊息——「希望你稱讚我這一點」。

以前面的會話為例，當對方說到「第五台賓士車」時，他的目的就是在展現自己的金錢實力，基本上只要朝著「您真是有錢啊」的方向去稱讚就好了。

明確解讀對方發出的訊息是很重要的。

當然，若事先做過仔細的調查，知道對方是何許人，就可以找到稱讚的重點

了。

對對方抱持著強烈的關心，不僅可以達到稱讚的效果，也是改善人際關係的要點。

根據不同的對象改變稱讚的方法

「晚餐還吃了三片厚厚的牛排。」

「您的胃還好吧？」這句話這若是針對以前曾動過胃部手術的人所說的，對方一定會感覺很溫馨。

但是，這些話若是出自炫富的人的嘴巴，他只是在炫耀自己的精力罷了。能吃能喝往往是男子氣概和權勢的象徵。

所以，此時如果回答：「工作能幹的人果然與眾不同啊！」必定能夠滿足對方的心理。

由此可知，即便對方說的是同一句話，也要根據對象來改變稱讚的方法。

所以，事前進行人物特質的調查是有必要的。

缺點也可以是稱讚的重點所在，優點也可能會得到反效果

《哆啦A夢》中的胖虎是個歌喉超爛的人。可是，他最希望別人稱讚的就是他的歌聲。

所以，對方希望獲得稱讚的點，未必是他最擅長的部分。

相對地，一般人視皮膚白皙為優點，也有人反而不喜歡，若是稱讚這個人「你皮膚好白哦」，反而會讓當事人感到不悅。

不墨守成規，懂得「完全配合對方」，是很重要的一件事。

優質的會話例

畫線的部分是優質的重點所在
( )內則是說明優質的理由

A（公司有生意往來的年輕男性職員）：「社長，這張畫是畢卡索的嗎?!」

（一開始就問是否「真跡」是很危險的事。萬一是複製品，對方會感到難為情）

B（有錢的男社長）：「當然是真跡。雖然只是一張小小的畫。」

A「好棒！價值幾億，不，應該更貴吧?!」

（因為對方以「小小的畫」來評價，就該看出要以金錢上的價值去判斷畫作）

B「我打算把這張畫掛到我的別墅。昨天我買的第五台賓士也送到了，好久沒有自己開車了，昨天開車到別墅，過了好悠閒的一個假日。」

A「您有五台賓士車啊?!明明有專屬的司機，有時候還是會自己開車嗎?而且還有別墅，真令人羨慕啊！」

（此時的重點在於回應「五台賓士車」、「自己開車」、「別墅」這些有錢人引以為傲的點）

B「晚餐我還吃了三片厚厚的牛排。」

A「工作能幹的人果然與眾不同啊！」

（對方想要彰顯自己的精力，所以正確的做法不是稱讚他的胃，而是稱讚對方充滿活力）

B「你今天就留下來，我們好好談一些事吧。」

step 3

在言辭中添加一點善意吧！——④

隔一段時間再度致謝！

明明道過謝了，卻還被批評「忘恩負義」

受過他人的幫忙就要道謝，這是理所當然的事。光是做到這一點並不能算是充分表達了善意。**道過一次謝後，隔一段時間要記得再度致謝。**這樣才算是添加了善意。再度致謝可以讓對方感到滿足。

相對地，只道一次謝就把事情拋到腦後，對方就會漸漸產生不滿，甚至會說「那傢伙是個忘恩負義的人」。站在你的立場，你一定覺得很冤枉，心想「我明明道過謝了呀，為什麼這麼說？」這到底是為什呢？

不良的會話例

粗體字的部分是不良的重點所在

B（叔叔）：「關於你經手的那樁和○公司的生意，我已經跟在那邊擔任部長的同學打過招呼了，怎麼樣？」

A（姪子）：「進行得很順利！都是拜叔叔所賜！謝謝您！」

B：「別客氣，不是什麼大事。是你的努力開花結果了。」

（幾天後）

B：「好久不見了。上次見面是——對了，是跟○公司談生意的時候吧？」

A：「是啊，好久不見了。**今天我有事來找嬸嬸，她在嗎？**」

B：「啊，這樣啊……我想她應該在……（以後不要幫你斡旋了！）」

只道一次謝並不夠！

「對別人釋出了善意，希望獲得對方的感謝」，這是人之常情。**當對方表現出充分的感謝之情，我們就會覺得「真慶幸幫了這個人」**。

那麼，當別人對我們親切時，又該如何向對方充分表達感謝的心意呢？

例如，強烈地表達謝意：「真的、非常、衷心感謝您！」這應該也是一種方法吧？但凡事總有個界限，做得太過分，反而會變得很矯情。

最簡單有效的方法就是當別人對我們釋出善意時，當場就要道謝一次，隔一段時間再度致謝。

「受人恩惠」的感覺會越來越淡薄，「給人好處」的感覺卻會越來越高漲

根據心理學者法蘭西斯・弗林（Francis・Flynn）的研究，受人恩惠的一方一開始都懷有非常強烈的感謝之情，但這種心態會越來越淡薄。這是很自然的事。大家應該都有過這樣的體驗吧？

然而，給人好處的一方則是相反，一開始也許並沒有刻意賣人情的意思，然而隨著時間的經過，就會產生「當初對你那麼好」的想法。

相信不少人有過這樣的經驗，一開始對方明明說「別放在心上」，日後卻在某個時機開始討人情：「那時不是有給你那個嗎？」、「那個時候，我是這樣幫你的。」這不是個人的品性問題，而是身為人的自然心理。

也就是說，在受人恩惠之後，當你的感謝之情日漸淡薄時，對方卻開始擴大「給過你好處」的想法。這中間的落差就是麻煩的來源。

「那時不是有給你那個嗎？」

「怎麼這麼固執啊！我當時已經很誠心地道謝過了啊！」

「你說什麼！真是忘恩負義的傢伙！」

若因為「親切待人」而造成心理方面的傷害，那真是太遺憾了。

向親切對待我們的人致謝時，要配合他的心情

那麼，該如何處理才好？訣竅就是「隔一段時間之後再度致謝」。

如此一來，對方也就能心平氣和，再度回到「別放在心上」的心理狀態。

也就是說，**真正的道謝不是只看自己感激的心意，還要配合對方的心情。**

讓對方產生「真慶幸當時拉了他一把」的幸福感，是受人恩惠的那一方該有的禮貌，這麼做的話，人際關係不僅圓融，你自己也會得到幸福。

優質的會話例

畫線的部分是優質的重點所在
( ) 內則是說明優質的理由

B（叔叔）：「關於你經手的那樁和○公司的生意，我已經跟在那邊擔任部長的同學打過招呼了，怎麼樣？」

A：（姪子）：「進行得很順利！都是拜叔叔所賜！謝謝您！」

B：「別客氣，不是什麼大事。是你的努力開花結果了。」

（幾天後）

B：「好久不見了。上次見面是——對了，是跟○公司談一筆生意的時候吧？」

A：「那個時候真的受到叔叔的大力幫忙！拜叔叔之賜，事情進行得很順利。今天想再度來跟您道謝。」

（「之前已經道過謝，這次就不說了」的想法是問題的根源。如果是對方主動提到那個話題，就更棘手了。就算有事找嬸嬸，也要把向叔叔致謝一事當成主要目的。）

B：「其實不用刻意再跑一趟的。哈哈哈哈。（以後有機會再多幫幫這小子吧）」

step 3

在言辭中添加一點善意吧！——⑤

拒絕他人的時候，越要在言辭中添加善意！

只丟出一句「拒絕」會招惹事端

在與人對話時，拒絕對方的要求是最困難的事情。

拒絕當然會讓對方感到不愉快，甚至有人會因而感到憤怒。

拒絕時的言辭多少都會帶有尖刺，這正是棘手的地方，而對方的不快情緒也不會因為你去掉了這些尖刺就可以獲得弭平。舉例來說，**就算是簡單的一句「沒辦法」，也可能惹火對方。**

拒絕別人時更需要添加大量善意。這麼一來，至少能不遭到對方的怨恨。

不良的會話例

粗體字的部分是不良的重點所在

B（資深女職員）：「今天就請妳幫忙加班囉。」

A（資淺女職員）：「**啊，那個，好的。**」

B：「那麼，妳先把這個……」

A：「**對不起！我想我有點不方便。**」

B：「什麼意思？既然如此，為什麼不一開始就明說？」

A：「**對不起！是我不好！對不起！**」

B：「大家好像都已經下班了，我找不到其他人幫忙了。」

A：「**大家都下班了，應該不是我的問題吧？**」

越是延宕答覆的時機就越危險

拒絕別人的要求是很困難的事情。諸位讀者當中一定也有不少人不擅於處理這種場面吧?結果只能硬著頭皮去做不是自己分內該做的事情,然後兀自後悔,累積了許多壓力。有這種經驗的人應該不在少數吧?

不懂得拒絕的人往往會採取的方式就是「請讓我考慮一下」、「待會兒再回覆」,企圖拖延時間。

因為無法當場明確拒絕,所以想暫時逃離現場,或者想利用拖延的時間去想出一個拒絕的完美理由。

不過,在這段期間內,對方既不會去找別人幫忙,也不會思考其他的對策,而是一直在等待你的回覆。所以,當對方被你拒絕時,心中就會想:「**既然如此,一開始就說清楚就好了。浪費了我這麼多時間。**」

讓對方等得越久,就越傷害對方的感情。

即便是合情合理的理由,往往也會被解讀為「你早就這樣想了吧?」。

「只要我忍耐一下就好了」的想法也具有危險性

不懂得拒絕的人會採取的另一種做法就是，雖然不想做，但最後還是勉為其難地接受了。

因為不想遭對方怨恨，所以告訴自己「只要我忍耐一下就好了」，犧牲了自己的感覺和時間。

在自己還可以忍耐的程度內倒還好，但是事情總有達到極限的時候。

即使對方要求你做的事是你無法勝任的，卻還是不懂得拒絕，結果事情也沒能順利完成，還因此失去了別人對你的信賴。這時你就會開始埋怨委託你做事的人，而這樣的感覺也會傳達給對方，結果反而遭到對方的排斥。

第一時間接下了委託，卻在事後推託「仔細想想，我還是做不到」，當然會引起對方的不滿，而那種怒氣遠超過一開始就遭到拒絕時的程度。

不論是哪一種做法，最後都會親手毀掉你與他人建立的友好關係。

為了避免發生這種狀況，一開始就要明確地拒絕不想做的事情。

確實傳達自己無法做到的訊息給對方，是相當重要的溝通技巧之一。

站在被拒絕者的立場，思考一個最好的婉拒方法

那麼，該怎麼做才能巧妙地拒絕他人的要求呢？

首先是站在對方的立場來思考。當我們有求於人卻遭到拒絕時，在什麼狀況下不會感到生氣？

對方一開始就明確表示無法幫忙，並向你表達了歉意，而自己也不會感到困擾的時候。

如果這些條件俱足，被拒絕時就不會感到不悅了。

也就是說，在拒絕對方的時候，只要注意**「一開始就明確拒絕」＋「清楚說明拒絕的理由或事情」＋「道歉」＋「提出替代方案，避免對方感到困擾」**等條件就可以了。

就算拒絕對方的請託，只要在話語中添加一點善意，
依然可以維持圓滿的關係！

說得更簡單一點，就是**「明確拒絕」＋「理由」＋「道歉」＋「替代方案」**。

只要把這四項條件整合為一，在拒絕他人的時候，全部運用進去就可以了。不必完全按照這樣的順序，只要四項要素都涵括在內即可。

具體來說，大概就類似「當天不方便。因為預定要〇〇。真是不好意思。不過，我會幫你去問問××先生看看」的感覺。

提不出替代方案的時候，就改用彌補的方式

無法提出讓對方不感到困擾的替代方案時，不妨想一個「不讓對方遭受損失」的辦法吧。

當你拒絕時，對方得不到所需要的，當然會感覺權益受損。**此時我們可以幫忙想辦法，用別的形式來彌補。**

如果把前面會話例的最後部分修改一下，就會變成這樣：「當天不方便。因

為預定要〇〇。真是不好意思。不過，我會幫你做好△△。」

如此一來，因為對方沒有什麼損失，也就不至於對你懷恨在心。

另外，若沒有替代方案，也找不到彌補的方式，就陪著苦惱不已的對方一起思考該如何處理吧！只要你設身處地去為對方著想，這份誠意就會傳達給對方，對方的情緒也會因此獲得舒緩。

過度致歉會得到反效果，逃避責任也形同火上加油

在前面舉出的會話例當中，**像連珠砲般連聲道歉：「對不起！是我不好！不好意思！」其實也不是很理想的做法。**

致歉過當，對方反而會產生不悅的感覺：「說得好像我是壞人一樣。」也會讓人感覺你很懦弱，好像只要再施加一點力道，你就會想辦法解決問題一樣。

此外，前面的會話例中還有這麼一句話：「大家都下班了，應該不是我的問題

吧？」**即便是事實，說出這種逃避責任的話無疑就像火上加油一樣。**對方會想：「你的意思是只要不是你的問題，我多傷腦筋都無所謂嗎？」

在言辭中添加善意固然重要，但也不要忘記避免說些不必要的話。

當對方失控時，逃為上策！

儘管我們以「明確拒絕」＋「理由」＋「道歉」＋「替代方案」的方式拒絕了，無可否認地，還是有人會因此大感不悅。**現場的氣氛若因此變得有點尷尬，也不要刻意躲避對方，反而要主動與對方積極交談，這也是很重要的一點。**

如果對方的態度還是很過分的話，又該如何是好？

人際關係就像開車一樣。即使我們謹守交通規則，有時候還是會有人失控朝著我們衝撞過來。任誰都不可能完全避開麻煩。

如果你覺得對方儼然一輛暴衝的車子時，唯一的辦法就是盡量避免靠近他。

優質的會話例

畫線的部分是優質的重點所在
（）內則是說明優質的理由

B（資深女職員）：「今天就請妳幫忙加班囉。」

A（資淺女職員）：「對不起。今天沒辦法幫忙。」

（拒絕的時候，不要說「請讓我考慮一下」，或一句「好」就莫名其妙地接受，一開始就要明確地拒絕，這是第一要件）

B：「啊？是嗎？那可真傷腦筋了。」

A：「我自己的工作也有問題，明天早上之前，我得把它完成才行。」

（清楚說明拒絕的理由。理由的內容必須獲得對方的理解才行）

B：「大家好像都已經下班了，我找不到其他人幫忙。」

A：「我想C小姐應該還在附近。打手機給她，請她代替我幫妳一下應該沒問題吧？我相信她一定會接受的。」

（在拒絕的同時，提出「如果是這種小事，我可以幫忙」或「請求他人協助」的替代方案，避免傷及對方的感受，就不會招致對方的怨恨）

B：「就這麼辦。如果能找到替代的人就沒有問題了。謝謝。」

第十二步　有求於人的時候，加上對方的稱呼！

例：「**喂，幫我影印這個。**」

→「A 小姐，請幫我影印這份文件」

第十三步　稱讚事物的時候也不吝於讚譽人！

例：「**妳的髮型好可愛！**」

→「妳的髮型好可愛！好適合妳哦！」

第十四步　誇讚對方他本人希望受到誇讚的部分！

例：「**您很喜歡畢卡索吧？**」

→「能擁有這樣昂貴的畫作真是了不起啊！」

第十五步　隔一段時間再度致謝！

例：「**道謝的話之前已經講過了。**」

→「再度向您致謝。非常感謝您。」

第十六步　拒絕他人的時候，越是要在言辭中添加善意！

例：「**對不起。**」

→「對不起。因為〇〇的關係，所以沒辦法。如果是△△就沒問題了。」

STEP 4

肢體動作

改變你的眼神·表情·態度！

不只言語會傷人，態度也會讓對方受到傷害！

除了言語之外，其他的會話因素也很重要！

step 4

改變你的眼神・表情・態度！——①

不要瞪著人叱責！只有在稱讚人時需要直視對方！

光是態度、表情或視線，也可能傷害他人

前面的部分針對了言辭進行討論，在這個章節，將針對言辭之外的態度或表情、眼神等所謂的「**非語言溝通**」來進行探討。

會話是透過言語來進行的溝通，既然不是信件，而是面對面的交談，言辭以外的要素也扮演著非常重要的角色。

同樣一句「對不起」，深深低頭、眼中含淚說出來的，和把頭轉向一邊、嘔氣似說出來的，所代表的意義截然不同。

即使言辭方面字斟句酌，但是態度卻很惡劣，一切也就功虧一簣。不但如此，**有時候，光是一個眼神、表情、態度，都會傷害到對方。**

不良的會話例

粗體字的部分是不良的重點所在

A（男上司）：「前幾天在接待客人時，你是不是惹得○公司的社長不高興？你到底幹了什麼好事！」（**用嚴峻的眼神瞪著部下**）

B（男部下）：「對不起！」

A：「你知不知道對方對我們公司有多麼重要?!」（**把臉湊近部下，更加惡狠狠地瞪視**）

B：「我很清楚……」

A：「既然清楚，就別搞砸！」（**窺探著部下的臉，刻意捕捉住部下移開的視線**）

B：「……」

A：「不過，△公司的社長似乎很欣賞你的樣子，這倒是要為你記上一筆功勞。」（**看也不看部下，望著窗外說**）

言辭之外的要素佔了溝通內容的三分之二

言辭之外的態度或表情等「非語言溝通」有多重要呢？

從前有人曾提出【米拉比安法則】（The rule of Mathrabian），重點就是非語言的要素佔溝通的九成之多，而言辭則只佔一成。這個法則爭議很大，但因為非常有名，也許有人聽說過。

可是，這個法則現在已被印證是不正確的。

根據後來的研究顯示，**非語言所佔的比例是六十五%，而言辭所佔的比例則是三十五%，這是比較正確的數據。**

即使如此，非語言部分仍佔有很大的比例。相信大家都知道，非語言的表現方式絕對不容小覷。

會想在簡訊中使用表情符號，也是為了彌補非語言溝通的不足之處。而簡訊大多的問題，都是因為言辭的微妙差異導致誤會發生。

「眼力」是確實存在的！

在非語言的溝通當中，首先要提到「眼睛」的角色。女性在化妝時也非常重視眼妝，**在溝通的過程當中，眼睛也佔有相當重要的地位。**有道是「眼睛是會說話的」。

「眼力」是近年來才有的說法，事實上，視線確實有其力道存在。日本的江戶時代也有一種刑罰叫「**示眾之刑**」。在中世紀的歐洲也有類似的刑罰，這種刑罰就是把犯人綑綁在廣場的刑台上示眾，藉以羞辱犯人。光是曝露在眾人的視線當中，就足以成為一種嚴厲的刑罰了。

視線就是具有這麼強大的力量。

具有力道的東西必須謹慎使用。

罵人的時候，最好不要瞪著對方看

人在憤怒的時候，往往都會惡狠狠地瞪著對方。**目的是除了言辭之外，還企圖以眼神的力道來攻擊、威壓對方。**此時對方多半都會低下頭，避免看著你。儘管如此，對方還是可以感覺到你正瞪著他看。

事實上，當我們生氣時，瞪著對方看並不是很好的做法。

根據心理學者艾斯沃茲（Ellsworth）和卡爾史密斯（Carl Smith）的研究，「遭到否定性的評價時，會排斥來自對方的視線，我們會對視線較少接觸的人抱有好感，對瞪視自己的人產生厭惡感」。

在叱責他人的時候，讓對方對我們抱持好感，好過對方對我們產生厭惡感，而且也比較有效果。

作家安部公房在小說《箱男》中這樣寫道：「人對遭到瞪視一事會產生憎恨感。必須咬緊牙關，忍受遭到瞪視時心靈所產生的痛楚。」**所以，當我們叱責他人時，不要太嚴苛地瞪視對方，以免引發對方強烈的反彈。**

叱責人時還加上眼神的瞪視就太過分了！
因為效果太過強烈，會讓對方產生厭惡感。

稱讚對方時，最好直視著對方

那麼，這是否意味著最好不要看著對方？

其實也不然。有些場合反而是看著對方比較有效果。

當自己受到肯定的評價時，對方投注在我們身上的視線越多，我們越會對對方抱持好感。這個論調跟前面提到的重點剛好相反。

原因在於視線具有「強調評價的效果」。

得到肯定性的評價時，我們會歡喜迎接對方的視線，受到否定性的評價時，則會下意識地躲避對方的視線。

稱讚他人時，有時候我們會莫名地感到害羞，略微地將目光移開，最好避免這樣的做法。

也就是說，稱讚人時，就仔細地端詳對方，叱責他人時，就盡量移開視線。這是使用「眼力」的最好方法。

優質的會話例

畫線的部分是優質的重點所在
( ) 內則是說明優質的理由

A（男上司）：「前幾天在接待客戶時，你是不是惹得○公司的社長不高興？你到底幹了什麼好事！」（不看著部下，而是望著窗外說話）

（叱責人時，不要瞪著對方看）

B（男部下）：「對不起！」

A：「你知不知道對方對我們公司有多麼重要?!」（做法同上）

B：「我很清楚……」

A：「既然清楚，就別搞砸！」（做法同上）

B：「……」

A：「不過，△公司的社長似乎很欣賞你的樣子，這倒是要為你記上一筆功勞。」（轉頭看著部下，定定地看著對方的眼睛）

（稱讚人時就仔細地端詳對方吧。如此一來，部下因為受到叱責而產生的怨恨之情便會獲得緩和，甚至產生「這個人對我有正面的評價，我要更努力一點」的想法）

step 4

改變你的眼神・表情・態度！——②

「受到傷害」的究責態度會招致反效果！

「表現受到傷害的態度」固然有效果，然而……

當別人說出傷害我們的話語或行為時，我們該怎麼辦？

一般人會使用的方法就是露出「受到傷害」的態度來做為防禦。我們會表現出「因為你的緣故，我受到很嚴重的傷害」的態度，讓對方知道他的言行舉止太過分，促使對方自我反省。

這種做法相當有效。有人因此會主動道歉「我說得太過分了」、「我做得太過分了」。然而，事後將會成為令人困擾的事情……

不良的會話例

粗體字的部分是不良的重點所在

B（男上司）：「這份文件是什麼鬼東西啊！錯誤一大堆！」

A（女部下）：「……」（**臉色黯沉，低垂著頭**）

B：「妳一句話都不說，我怎麼知道是怎麼一回事！」

A：「對不起。」（**露出更沮喪的樣子**）

B：「一句對不起就可以解決問題嗎！」

A：「那……我該怎麼辦才好……」（**露出受傷的表情哭了起來**）

B：「啊，不是，抱歉抱歉。我說得有點太過分了。不好意思。」

（幾天之後）

A：「關於前幾天您說要交給我處理的案件，我現在想開始進行了。」

B：「啊，那個案件已經交給C先生去辦了。妳不用忙了。」

「受到傷害」時應該究責嗎？

「因為你的緣故，我受到傷害了。」

越來越多人會以這樣的說詞或態度來傳達這個訊息，追究他人的過錯。

因為真的受到對方傷害，有這種反應也是理所當然的。

傷害別人心靈的那一方當然也該遭到究責。

一旦受到指責，對方或許會反省，提醒自己不可再有傷害他人的言行舉止。

照道理說理當如此。

然而，這其中卻存在著陷阱。

迫使對方反省會遭到憎恨

根據心理學者嘉茲（Katz）等人的**【自責的念頭所造成的反應擴大假設】**研

究，我們可以了解到以下的事實。

因為自己的言行舉止（譬如強烈憤怒）造成對方受到傷害，事後自我反省時（例如「我好像太過火了」），**出乎意料的是，在我們的深層心理中，對於對方的厭惡感反而會增加，甚至想攻擊對方。**

也許有人認為這樣的心理就代表了「根本就沒有反省！」，其實不然。越是打從心底自我反省，這樣的心理作用就越強烈，形成一種反作用。

其中的原因在於，我們的心理很難接受反省＝責怪自己的事實。人的心理很難忍受自我責備。

因此會一口咬定對方是「令人討厭的傢伙」，藉此讓自己的所作所為正當化，緩和自責的念頭。

當然，**這樣的心理機制是在無意識當中啟動的。**這一點很重要。

受到傷害之餘還反遭怨恨……

假設有人對你說了嚴苛的話，使得你的心靈受到傷害，而你也把這種情緒表現在態度或表情上。或者直接了當地說：「因為你的緣故，我受到傷害了。」

對方也自我反省，坦率地道歉：「我說得太過分了。對不起。」於是當場就大事化小了。對方甚至可能會說：「以後我會小心一點。」

之後，兩人的關係也一如往常，不會互相傷害，彼此更加體貼，永遠保持良好的關係……遺憾的是，這是不可能的事情。

對方的反省越是出自真心，你得到的怨念就越深。

其實對方也沒有發現到自己之所以對你產生怨恨的真正理由。只是莫名地越來越看你不順眼。這是最可怕的地方。

被人說「你傷害到我了」時的心情

責怪對方「你傷害到我了」的態度和言辭，有著致命一擊的力道。

如果我們沒有傷害對方的心，但對方卻表明受到傷害，那事實也只能是這樣。因為只有當事人知道是否受到傷害。也許我們可以辯解「我無意傷害你」，卻**不能斬釘截鐵地說：「我沒有傷害你。」**

此外，「哪有那麼嚴重」用輕描淡寫的方式帶過，企圖表現什麼事情都沒發生過的樣子，也不是那麼容易。

也就是說，如果有人以態度或言辭指稱「因為你的緣故，我受到了傷害」的話，最後你會無路可逃，只能被蓋上加害者的烙印，乖乖接受指責。這種狀況無疑會把人逼到絕境。

露出受到傷害的樣子不是「好方法」，反而是一種損失

也有人認為，表現出受到傷害的態度，迫使對方反省是一種「好方法」。所以，即使並沒有傷得那麼重，也刻意裝出受傷的樣子。

可是，就算這個招數當場奏效，就長期而言，卻是一大損失。

舉例來說，兩人是情侶的關係，當對方突然取消約會、態度變冷淡或劈腿的時候，如果我們表現出心靈受到嚴重傷害的態度，一時之間，對方可能會驚慌失措，反省自己的過錯，並提醒自己，不要再犯同樣的錯。

乍看之下我們似乎順利掌控了對方。

然而，採用這種方式，對方的心卻會離我們越來越遠，光是這一點，就難逃分手的下場。

這實在不是什麼「好方法」。

刻意裝出受到傷害的人還是放棄這種做法吧？責怪對方「你知道因為你的關係，我受到多麼嚴重的傷害嗎？」的人也一樣。如果你還想要對方喜歡你，如果

你還不想分手的話。

當然也有人不是刻意裝出來，而是真的很容易受到傷害。因為不擅於隱藏自己的感受，心中的不滿會在不經意的狀況下隱約表現在態度上。

雖說這是無可奈何的事，**還是要隨時提醒自己，盡量不讓對方看到自己這一面，這是很重要的一點。**

那麼，該採取什麼態度才好？

那麼，在遭到上司叱責時，該採取什麼態度才好呢？

如果沒有表現出受傷的樣子，上司的怒氣或許就難以平息。而且，這樣的態度也許會被解讀為你把上司的話當耳邊風，**反而會更激怒上司。**

但是，事情會當場就打住，**事後不會留下任何不好的記憶。**這就是為什麼有人明明經常犯錯卻不會遭到排斥的原因。

不過，我們也犯不著強迫自己達到「不管被人家說什麼，都一臉事不關己的樣子」的地步。

如果惹怒了上司，就該確實道歉，坦白承認「是我的錯」，並展現自己「今後會多注意」的決心。**切忌不要露出受傷的樣子。**

這是遭到叱責時，最理想的高級應對手法。

當你在男女關係或人際關係中受到傷害時，不要露出受傷的態度責怪對方，**而是要明確地用言辭來表達你的憤怒。**

不能說「我受到傷害了」，**最正確的做法應該是直接表達憤怒說：「不要做這種事。」**

就算因此爆發口角，也比較不會有後續的問題。

優質的會話例

畫線的部分是優質的重點所在
( ) 內則是說明優質的理由

B（男上司）：「這份文件是什麼鬼東西啊！錯誤一大堆！」

A（女部下）：「對不起。」（表情開朗，低頭致歉）

（重點是不能露出陰鬱的態度）

B：「一句對不起就可以解決問題嗎！」

A：「是我沒有確認清楚。」（看著前方說）

（坦承錯誤。不要沮喪地低垂著頭，保持端正的姿勢）

B：「什麼態度！工作得確認清楚啊！」

A：「以後我會多確認幾次。」（充滿活力，精神奕奕的樣子）

（提起精神，絲毫不沮喪，展現意志，強調不會重覆犯錯）

B：「可不能光嘴巴上說說而已哦！要確實給我做好！竟然還一臉事不關己的樣子。」

（幾天之後）

A：「關於前幾天您說要交給我處理的案件，我現在想開始進行了。」

B：「好，就辛苦你了。」

化妝也可以改變會話的內容！

經常有人説，女性的心理狀態會因妝容的不同而改變。事實上，也會對會話帶來不同的變化。

心理學者大坊郁夫先生針對「濃妝」、「自然妝」、「素顏」的女性們的會話過程進行調查和分析。結果發現，會話量會因妝容而有差異，按照順序依序為「自然妝」＞「濃妝」＞「素顏」。

不安情緒的高低則依序為「濃妝」＞「素顏」＞「自然妝」。

不擅長會話，容易感到緊張的女性不妨記住一點，那就是多化自然妝。

至於男性，只要適度整理自己的儀容，應該也會有同樣的效果吧？

（中非一種長頸鹿科的珍獸）

step 4

改變你的眼神・表情・態度！——③
想要別人伸出援手時更需要自己努力！

如何避免請求遭到拒絕時受到傷害

在STEP 3中，我們討論到拒絕他人請求的竅門，在這個章節，我們要反過來討論**請求他人時的注意事項**。

人是不能獨活的。就算你覺得自己不需要任何人的幫忙，總有那麼一天，還是會遇到光靠一己之力無法解決的問題。

這時你只能請四周的人伸出援手或幫忙。

但是，如果被拒絕，一定會覺得很難過，感覺受到傷害。

你可能無法原諒拒絕你的人，或者對人感到絕望。而且，當你看到其他人獲得協助時，更會倍受傷害，心想：「為什麼只有我受到排擠？」

不良的會話例

粗體字的部分是不良的重點所在

B（女性朋友）：「我自己也很忙，沒辦法幫到妳那邊。」

A（女性朋友）：「拜託嘛。**我一個人實在沒辦法。**」

B：「妳就姑且先做好妳自己一個人可以做到的範圍。」

A：「我沒有力氣，也沒有能力，**一個人什麼都做不來呀。**」

B：「努力試試看嘛。我也有我的事要做啊。」

A：「如果妳見死不救，我怎麼辦才好？我沒有父母，也沒有兄弟姊妹，也沒有其他人可以依靠了。」

B：「幹嘛說得這麼嚴重，我也有我的問題啊。」

A：「怎麼這麼冷漠啊！都這樣求妳了……好過分……」（眼中含淚）

B：「啊，真是的，就因為妳老是這樣才會讓人討厭。」

事實上，容易遭到拒絕的人與讓人不便拒絕的人，請求協助時的方法是有差異的。

能獲得幫助的人和得不到幫助的人，差別就在於「請託時的態度」

不知為什麼，有些人總是可以得到幫助，有些人在真正遇到困擾的時候卻遲遲得不到支援。

原因究竟何在？

當然有各種不同的要因。譬如當事人的人品，或者長期以來的人際關係。

不過，談到請託的方法，個中的差異也有很大的區別。

與其說關鍵在於「是否使用恭謹的遣詞用語請求對方」，**更重要的應該是請託時的「態度」。**

哀兵政策反而會惹人嫌

我們會求助於人，多半都是在自己做不來，感到困擾的時候吧？

此時自然而然就會採用「光靠我一個人做不來，幫幫我吧」之類的**哀兵政策**。

我們認為，這樣一來，對方也會可憐我們而提供協助。

正因為有這種想法，有的人會刻意裝得更可憐，請求協助。

可是，這樣做並不恰當。

根據心理學者帕瓦茲（Powers）和札洛夫（Zaroff）的研究顯示，**「懇求協助的人只能得到表面上的安慰，卻得不到什麼幫助，而且容易遭到厭惡」**。真是一語中的。

人會打從心底輕視懇求幫忙的人。

而且，被請託的人也會有「對方過度依賴我實在很麻煩」的心情，極力避免與當事人扯上關係。

常言道：「天助自助者。」人們應該要更懂得這個道理才對。

只要自己先努力，別人就會伸出援手！

那麼，我們該如何請求協助呢？

重點是要展現出自己很想一個人努力的態度。如此一來，大家就會主動提供協助。你也會得到眾人的好感。

不要說出「我做不來，求求你幫忙」之類的哀求話語，即使不懂得該怎麼做，也要表現出「我本來想自己努力試試看，可是不知道這種做法是否恰當？」的態度，也就是說，**從頭到尾都要展現想靠自己一個人的力量來解決問題的態度**。

如此一來，對方對你的尊敬之心會油然而生，自然就會想與你互動，再加上對方也不會產生「萬一這個人過度依靠我會很麻煩」的疑慮，反而會放心對你伸出援手。

這種論調似乎有些似是而非，重點就是**「當你想獲得他人幫助時，自己先努力才是上上之策」**。

這有點像是銀行經常使用的「晴天借傘，雨天收傘」伎倆，也許有人會覺得諷刺。一想到「我這麼懇求也不願提供協助」時，難免有些心寒。

可是，從另一個角度來看，**只要主動展現出一個人努力的態勢，別人就會提供協助**，心中就會流過一道暖流。既然事情的一體兩面就是這樣，抱持這樣的想法不是比較好嗎？

優質的會話例

畫線的部分是優質的重點所在
( ) 內則是說明優質的理由

B（女性朋友）：「我也很忙，沒辦法幫到妳那邊。」

A（女性朋友）：「說的也是。沒關係，我自己努力看看。」

（展現出自己努力的態度是很重要的一點）

B：「話是這麼說，可是要妳一個人做完全部的事情也太強人所難了吧？」

A：「不會啦。只要慢慢做，應該有辦法的。」

（以積極的態度面對，而非悲情的演出）

B：「妳還是別太勉強了。等我這邊忙完，再過去幫妳。」

A：「謝謝。可是，請妳不用太勉強。不用擔心我。我可以找其他人幫忙。」

（「沒有其他人可以依靠」這句話對對方而言是一種負擔。最好不要增加這種負擔給對方）

B：「真的找得到人嗎？應該沒有人可以幫妳吧？我很清楚這一點。」

A：「沒關係，沒關係。妳別放在心上！」（充滿朝氣地面帶微笑）

（明確傳達訊息給對方，表示自己不打算成為對方的負擔，以免讓對方產生沉重的負擔感）

B：「真是拿妳沒辦法。我會盡量挪出時間，每天過去看看妳的狀況。」

step 4

改變你的眼神・表情・態度！——④

不要在態度上表達出你的不滿！

如果用不愉快的態度壓迫對方的話……

當我們心生不滿時，不一定會明確地說出口。

應該說，大多數人都是保持沉默。**相對地，我們會將內心的不滿形諸態度。**

譬如，沉默不語、別開臉、咚的一聲放置物品、用力甩門等……

這就是用態度來傳達自己心中的不悅，藉以壓迫對方。

然而，這種做法反而會激怒對方。也有人會用嘆氣或冰冷的眼神、咋舌等方式來刺傷對方。

不良的會話例

粗體字的部分是不良的重點所在

B（同居中的女性）：「對不起，我跟C子去喝了兩杯，晚了點回來。」

A（同居中的男性）：「……」（**不發一語，把臉別開，不理會**）

B：「還有啊，C子她超有趣的。」

A：（**提高電視機的音量**）

B：「幹嘛？你生氣了？人家只是偶爾這樣嘛。有時候也想跟朋友去喝杯小酒嘛。」

A：（**故意將吃完的便利商店的便當容器留在桌子上，還把抽過的菸捻熄在上頭**）

B：「因為我沒有做晚飯，所以你生氣了哦？自己做不就好了！」

A：（**倏地站起身來，離開房間時，用力甩上門**）

B：（被關門聲嚇了一跳）「真差勁！以後絕對不再做飯給你吃了！」

因為說不出口，所以就用態度表達

當我們露出不悅的態度，有時候會激怒對方，對方會覺得「有話要說，就清楚說出來嘛！」。

聽起來很理所當然，**有時事情並非如我們想像的簡單。**

如果說得出口，就不會用態度來表達了。

舉例來說，「因為太過驚訝，連口都不想開了」或「反正說了你也不會懂」、「不想說出不滿的理由何在」、「自己也說不出來到底哪裡不順眼」、「不能抱怨，但心裡不悅」、「嘴巴說不過人家」、「希望對方自己發現，而不是我這邊說了才懂」等等……

隨便一舉，就有這麼多的例子。

所以，才會有那麼多人用態度來表達內心的不滿。

但是，還是要建議「最好不要用態度來表達不滿的情緒」。

感覺不滿時的四種應對模式

用態度來表達不滿，稱之為**【間接性的攻擊反應】**。

不是透過言辭明確說出來，而是以態度間接來表達。這種做法也變成了對對方的一種攻擊。

舉例來說，下班後在公司的衣帽間更衣時，同事突然跑來請託你「幫忙加班」。

此時，如果你一邊說「是哦」，給對方一個不明確的答覆，還露出不悅的表情，看也不看對方，仍然快速地更衣，那就是一種【間接性的攻擊反應】。你的用意是想透過態度讓對方知道「這個人不想接受請託」，進而主動放棄。

除了這種應對方式之外，另外還大致可區分為三種對應模式。

明明不想，卻犧牲自己，接受對方的請託。這種方式稱為**【非主張性的反應】**。

生氣地回答「開什麼玩笑！我也有我的事啊，別這麼任性！」，這叫**【攻擊

性的反應】。

告訴對方「今天不方便」，明確地拒絕，但不忘詢問對方「怎麼了？」，幫忙找其他人幫忙，協助考量對方的需求，這叫**【主張性的反應】**。

你認為最不好的模式是哪一種？

「不好」的定義是指對人際關係有不良的影響。

應該有很多人會認為是【攻擊性的反應】吧？

事實並不然。【非主張性的反應】才是最糟的模式。在前面「拒絕請託」的部分也提到過，犧牲自己，成全別人，結果會阻礙了人際關係的發展。

那麼，第二糟的模式應該是【攻擊性的反應】吧？

也不盡然。**其實第二糟的模式是【間接性的攻擊反應】**。

比起在態度上表達不滿，當面吵一架反而好得多。

溝通才是人際關係的重點

也許有很多人難以理解，為什麼將內心的不悅表現於態度，會比明確說出不滿更容易導致人際關係的惡化。

照理說，只在態度上表現不滿應該比面對面爭執，譬如大罵「少胡說八道！」要來得緩和，比較不會得罪他人才對。

忍住想說的話，只透過態度來發洩，應該是一般人可以忍受的程度。

可是，【攻擊性的反應】和【間接性的攻擊反應】兩者之間有著決定性的差異。

關鍵在於是否明確達到了溝通的目的。

雙方起爭執，把想說的話說出來，也算是一種溝通方式。彼此都可以藉此了解對方的想法。

在人際關係上，這是非常重要的事情。

只用態度表達不滿，有很大的可能是拒絕溝通的意思。對方也被迫必須從你的態度來推測你內心的想法。而且不見得能夠正確地解讀出來。

比起激烈的口角，莫名的芥蒂更難修復關係，原因就出在是否達到了溝通。

雖然有難度，卻是最好的方法

那麼，是不是不用態度表現不滿，只要大吵一架就好呢？話說如此，還是有更好的方法。

那就是【主張性的反應】。

避免攻擊，明確地進行溝通。把自己的想法確實傳達給對方，同時耐心聆聽對方的說法，相互溝通。

這是最能增進人際關係的方法。**和第二糟的對應模式【以態度來表達不滿】相比，結果截然不同**。

實行起來雖然有點難，還是請盡量採用【主張性的反應】。

優質的會話例

畫線的部分是優質的重點所在

( )內則是說明優質的理由

B(同居中的女性):「對不起,我跟C子去喝兩杯,晚了點回來。」

A(同居中的男性):「妳也通知我一聲,我會擔心耶。」

(不以默不作聲代表憤怒,而是確實地發牢騷。明確傳達自己生氣的理由)

B:「可是,現場氣氛很high啊,C子她超有趣的。」

A:「我的晚餐可是用便利商店的便當隨便打發的耶!」(容器已經丟掉了)

(沒有刻意丟著容器不處理,完全透過交談來表達不滿)

B:「幹嘛?你生氣了?自己做不就好了!」

A:「不是說好這個星期妳負責做晚飯的嗎?」

(即使對方耍任性,也要盡可能冷靜地指出對方的問題點所在)

B:「話是這麼說沒錯。只是偶爾一次有什麼關係?人家有時候也會想喝杯小酒嘛!」

A:「這個我懂。可是,總得跟我講一聲嘛。我還以為妳會回來。」

(用力甩門或用聲音、動作來威嚇對方並不是好事。用言辭來傳達意思,讓對方了解其本身的問題點所在和自己的心情,同時也要懂得體諒對方的心情)

B:「抱歉抱歉!從明天開始,我會做好該做的事。今天就原諒我一次吧。」

step 4

改變你的眼神・表情・態度！——⑤

重視「困擾的表情・沮喪的表情」的重要性！

在社會生活中扮演重要角色的「表情」

精神科的重要任務當中，包括精神科復健在內。

這是專為長期罹患精神疾病，目前病況處於穩定狀態的病人所安排的「加速回歸社會的治療專案」。

當中普遍被採用的方法便是**【SST（生活技能訓練）】**。主要是訓練病人某些技能，讓他們能夠順利回到社會。【SST】有各種不同的內容，當中也有與表情相關的項目。這些訓練內容對一般人也有很大的助益，在此做一個介紹。

不良的會話例

粗體字的部分是不良的重點所在

B（幼稚園老師）：「那麼，A，可不可以幫老師畫一張媽媽的畫？」

A（學生）：「……」**（面無表情）**

B：「怎麼了？不想畫嗎？還是肚子痛？想睡覺嗎？」

A：「嗚～」**（哭出來）**

B：「怎、怎麼了?!啊，對哦！A的媽媽已經不在了。真是對不起。你就別畫了。」

A：「……」**（面無表情）**

B：「那麼，你就玩娃娃吧。跟這隻小熊還有企鵝玩……」

A：「哇——」**（哭得更悽慘）**

B：「啊，怎麼了?!這次又是什麼事？老師搞不懂A想要什麼啊……」

社會生活中所需要的溝通技能

精神疾病的患者不擅長跟他人溝通，所以容易發生不順或麻煩。**【SST】的重大目標，就是讓患者學習溝通的能力，引導其回歸到正常的社會當中。**

當中具體指定、解說了幾項患者應該學會的技能。筆者逐項檢視之後發現，有些內容不但有助於精神疾病的患者回歸社會，**也值得一般社會大眾拿來做參考。**因此，在此說明幾項【STT】的項目，從精神科的角度來介紹幾項重要的溝通能力。

「困擾的表情」其實非常重要

說到表情，可能有人會立刻想到「是指笑容嗎？」。笑容當然是溝通的基本。比起老是僵著臉若有所思的人，臉上總是帶著笑容的人，好感度當然高多了。

但是，【SST】的項目當中並不包括笑容。也許日本人天生就擅長做出笑容，很多人都能適時展露笑容，順利過關斬將。

差異在於其他的部分。

【SST】重視的是「明確露出困擾的表情」。

在一般人際關係中，有時我們會被要求去做超出自己容許範圍的事情。此時，明顯露出不悅的表情，只會讓對方的心證朝不好的方向發展。關於這一點，前面也已經提到過。

或許有人會努力擠出一絲笑容，默默順從行事。這種做法也許可以讓我們當場安全過關，但是就長遠來看，會讓自己承受莫大的壓力，以精神衛生層面來說，不能說是好事。我們在前面也討論過，明白拒絕自己做不到的事情相當重要。

此時，最重要的就是「困擾」的表情。

一提到表情，大多人想到的都是喜怒哀樂這類自然流露出來的情感。除此之外，「困擾」也是可以用表情來表現的。

面對自己無法獨自處理的事情時，我們應該坦率地露出困擾的表情。此外，

當對方露出困惑的表情時，我們也要能夠迅速地解讀，並提供意見。

只要留心這些要訣，就能夠保護自己的心靈。

另一個重要的表情是「沮喪的表情」

【SST】中所強調的另一個表情也很重要，就是**「坦率地表現出沮喪的心情」**。

不管是我們自己，或是談話的對象，難免都會發生失敗或是不愉快等，讓人感到遺憾的事情。**此時不宜極力忍耐，也不宜放任感情爆發大怒大哭，而是要露出沮喪的表情**。除了表情之外，最好也加上一句「真的很遺憾」。

這種做法可以淨化失望的情緒，讓我們盡快振作起來，也可以讓對方了解到，我們對他的失望之情心有同感。

平常不常使用的表情，偶爾也要嘗試使用看看

想要和他人順利溝通，避免受到傷害，言辭當然很重要，**透過表情來表現自己也很重要。**

因此，應該讓自己的表情更加多元化。

除了喜、怒、哀、樂等日常生活常用的表情之外，還有「困惑」、「沮喪」等表情，偶爾也嘗試表現看看。

精神科平時會訓練患者做這些表情，讓他們可以運用在一般日常生活當中。**從必須刻意訓練這一點看來，就可以知道有很多人無法自然露出這些表情。**

除此之外，也用自己的方法研究喜怒哀樂以外的各種表情，實際嘗試看看。**豐富的表情可以豐富你的人格特質，**並提升你的人際關係。

不管是語言或非語言，都要明確地表達自己的情緒

為了謹慎起見，以下再做一些補充。

前面提到了「最好不要用態度來表達自己的不滿」，但並非限制你將感情顯露在表情或態度上。

感情應該明確地表現在表情或態度上。

前面提到的重點是，不要把表情當成攻擊的道具來使用。此外，不把話明白說出來，企圖只靠態度就讓對方了解我們的意思，這種做法也不甚理想。

情感應該藉由表情或態度表現出來，還要用言辭明確地傳達清楚。也就是說，不論是語言或非語言，明確地和對方溝通，才是最理想的方法。

優質的會話例

畫線的部分是優質的重點所在
( )內則是說明優質的理由

B（幼稚園老師）：「那麼，A，可不可以幫老師畫一張媽媽的畫？」

A（學生）：「畫媽媽嗎？」（露出困擾的表情）

（面無表情沒有辦法傳達訊息給對方。用困惑的表情來傳達自己深感困擾的事實）

B：「你看起來很傷腦筋耶？啊，對哦，A的媽媽已經不在了。真是對不起。」

A：「沒關係。」（面露微笑）

B：「真的很對不起。你不用畫了。」

A：「啊？」（露出沮喪的表情）

（面無表情或突然哭出來都會讓對方不明究裡。明確表達出你沮喪的情緒，就可以讓對方明白你其實是想畫的）

B：「原來你想畫畫呀？我知道了。那麼，你就畫別的東西吧。」

A：「嗯！」（笑容滿面）

（因為小孩子不懂得如何明確表露表情，有時會讓身邊的人感到困惑。當事人也會因而受到傷害。大人也一樣。如果是大人，就要加上言辭的表達。）

第十七步　別瞪著對方叱責！只有稱讚人時需要直視對方！

例：**叱責人時不要看著對方，稱讚時則需要直視對方**

→稱讚時直視，叱責時避免看著對方

第十八步　「受到傷害」的究責態度會招致反效果！

例：**擺出心靈受到傷害的樣子！**

→「不表現出受傷的表情！」

第十九步　想要別人伸出援手時更需要自己努力！

例：**擺出低姿態，哀求別人協助**

→展現出靠自己努力奮戰的態度

第二十步　不要在態度上表達出你的不滿！

例：**用力甩門，表達自己心中的不悅**

→明確地用言辭傳達心中的不滿

第二十一步　重視「困擾的表情・沮喪的表情」的重要性！

例：**露出不悅的表情或強言歡笑**

→感到困擾時就露出困擾的表情，覺得沮喪的時就露出沮喪的表情

STEP 5

心靈

關係越親密，越容易造成嚴重的傷害！

光是一句話，就能讓親密的對象受到嚴重的傷害……

越是關係親密，越應該謹慎面對！

step 5

關係越親密，越容易造成嚴重的傷害！——①

別說「連這種事情都不懂」！

高級篇：「和親密對象之間的會話」

謝謝各位讀者耐心看到這一部分。

去除言辭中的尖刺、去除惡意、添加善意、注意非語言（表情或態度等），同時顧慮到全方位相當不容易。

能夠做到這些，在會話中不經意傷害到對方，或者受到傷害的狀況，應該減少很多吧。

但是，還有一個很重要的課題。那就是「和親密對象之間的會話」。

在最後的STEP 5中，筆者想特別針對「和親密對象之間的會話」進行討論，作為高級篇的內容。

不良的會話例

粗體字的部分是不良的重點所在

B（高中的女性朋友）：「今天妳的話很少，怎麼了？」

A（高中的女性朋友）：「待會兒我們兩個去唱卡拉OK好不好？」

B：「對不起，我沒錢不方便去。我現在要回家了。」

A：「怎麼講這種話！好冷淡啊！（人家明明有很多事情想跟妳說的！妳應該注意到我最近為一些事情苦惱不已！）」

B：「幹嘛！別只為了唱不唱卡拉OK就生氣啊！太蠢了！」

A：「蠢的是妳！」

B：「妳是說我成績差嗎？原來妳一直都是這樣嘲笑我的?!反正妳就是優等生嘛！」

A：「妳把我看成那種人嗎?!算了！我沒有妳這種朋友！」

和親密對象之間的會話就可以不用心？

或許有多人覺得把「和親密對象之間的會話」當成高級篇來討論很不可思議。有一種感情叫做「推心置腹的交情（不用費心或見外，可以輕鬆互動的關係）」，**也許大家都覺得「和親密對象說話，不須刻意用心」。**

實際上，高中男生之間也經常會使用「你去死吧」、「囉嗦！滾吧」、「真的很噁」這類，跟不熟的人說話時會讓現場空氣瞬間凍結的粗言粗語，然後雙方毫不在意地笑成一團。

因為關係親密，彼此之間說什麼話也許真的不會造成傷害。

但是，相對地，正因為關係親密，有時候反而會傷人更深。

因為關係親密，傷害也更深

關係親密，就代表對對方敞開自己的心房。

正因為心門洞開，如果有人粗暴地把手伸進去亂攪一通，造成的傷害就會更深。

遭到信任的人無情的言語攻擊，所造成的影響比關係不親密的人帶來的傷害要來得更嚴重。

有時候，正因為雙方關係親密，才更要注意遣詞用語。

所以，這個章節的內容才歸類為高級篇。因為親密，真要實行起來更有難處。

在 STEP 5 裡，我們將針對這一方面做討論。

即使自認清楚密友的行為模式，頂多只能掌握對方一半的心理

首先希望大家知道一件很重要的事情。

當你跟對方的關係越親密，就會越發了解對方的許多事情。譬如，對方喜歡什麼？討厭什麼？這種時候反應如何？那種狀況下會採取什麼樣的行動？對方也會對我們的事情瞭若指掌。

在不知不覺當中，我們就會陷入一個迷思，認為「我對他無所不知」、「對方對我的事情無一不曉」。

可是，事實上並非如此。

根據心理學者泛達（Vender）和哈斯特夫（Hastorf）的「對人認知能力的實驗」顯示，「**透過長期的互動，關係非常親密、心靈契合的親密伙伴，可以準確預測對方何時會採取什麼樣的行動**」。

但是，從實驗也得知「**不過，對方為什麼會採取這種行動，關於這方面的心理，有五〇%以上的猜測是有誤解的**」。

我們往往自認非常清楚親密夥伴的一切，
但仔細一問，就知道大多是我們的誤解。

也就是說，因為我們預測對方的行動大致準確，反很容易陷入「我對那傢伙的一舉一動無所不知，無所不曉」的迷思。

實際上，**關於對方的內心，我們頂多只了解一半左右。**

不只是關係親密的友人，家人及情人之間的互動也一樣。

人與人之間即便理解再深，也有一個限度。

即便彼此不是很了解，也可以是真正的密友！

為什麼本章一開頭就談到如此令人落寞的話題呢？**因為在人際關係當中，經常會因為「如果是真正親密的對象，應該在各方面都能相互理解」的誤解，導致好不容易建立的關係遭到破壞，或者心靈受到傷害。**

舉例來說，有時我們會因為「密友無法察覺我的心情」、「我不懂密友的想法」＝「我們不是真正的密友……」的思考模式，造成好不容易建立起的深厚關係產生嫌隙，或產生遭到背叛的心態。

這無疑是人生的一大損失。

「就算是親密的朋友，我們頂多只能了解對方一半的心」，這個事實也許會讓人覺得有些悲傷。

然而，為了這種事情感到悲傷，就像惋惜人無法在天空飛行一樣，根本是沒有意義的。

即使雙方無法完全相互理解，還是可以成為親密的朋友。

這應該是值得慶幸的一件事情，不是嗎？

真正應該悲哀的是，對「人與人之間無法百分之百了解」的事實感到絕望，因而斬斷人際關係。

因誤解所產生的絕望是最悲哀的。請大家務必小心注意。

不要求對方主動察覺我們的心情，要自己明確地說明

有時我們不會把自己的心情明確地說給關係親密的朋友聽。因為我們總認為，就算不明說，對方應該也可以自行察覺。

但這實在是強人所難的事情。對方能主動察覺出我們心思的機率只有五〇％以下。

對方可以主動察覺我們的心情，當然比自己說出來更讓人感到喜悅，這點可以理解。「不用言語也可以彼此相互理解」的關係是十分美好的，會這麼想也是無可厚非。

儘管如此，還是要主動且明確地說出自己的想法。

同時，**也不要因為對方沒能主動察覺我們的心情而質疑對方的友情或愛情，更別因此而發怒或感覺受傷。**

再度強調，這種想法是一種「錯誤的絕望」。

就算對方無法察覺我們的心情，或者對我們有所誤解、無法理解我們，密友

還是密友，彼此還是有親密的關係。

在衡量彼此的親密度時，不應取決於能否主動體察對方的心情，應該把重點放在雙方是否能夠明確地說出自己心中的感覺。

「為什麼你就是不能察覺我的心情！」、「就算我不說，你也應該知道啊！」、「你不了解我。」、「我真是不懂你。」

不用要用這樣的言辭傷害彼此。

如此一來，雙方的往來才能長期持續，經營出一段溫馨而珍貴、持續一輩子的感情。

優質的會話例

畫線的部分是優質的重點所在
( ) 內則是說明優質的理由

B（高中的女性朋友）：「今天妳的話很少，怎麼了？」

A（高中的女性朋友）：「待會兒我們兩個去唱卡拉OK好不好？」

B：「對不起，我沒錢不方便去。我現在要回家了。」

A：「其實我有話要跟妳說。話很少就是因為心中很苦惱啊。」

（不要要求對方察覺，或者因為對方沒有察覺自己的心情而發怒，明確地用言語說明自己的感覺）

B「是嗎？真是對不起，我沒能及時發現。」

A：「沒關係啦。」

（把密友沒有察覺到異象一事視為理所當然，持續互動）

B：「我一直以為妳不是那種會為一件事情而嚴重苦惱的人。」

A：「是嗎?!其實我很苦惱耶。我這個人啊，其實是那種鑽牛角尖的人。」

（不要因為密友誤解自己或者不了解自己而受到衝擊，把這種事情視為理所當然，明確地告知對方事實。這樣才能讓雙方真正彼此了解）

step 5

關係越親密，越容易造成嚴重的傷害！——②

因為關係親密，才更需要用到的四種誇讚用語

「不用我說應該也知道」，這種想法是強人所難

前面提到「有時候我們並不會把自己的心情明白說給親密的人知道。因為我們認為對方會主動察覺」，**其中最常被省略的，就是對對方的感謝或誇讚之詞。**

因為對方與我們關係密切，自然而然就會懷抱親近感。**然而，正因為關係親密，所以反而覺得把這些話說出口是一件很難為情的事。而且我們總認為，就算不說對方應該也會知道。**然而，正如之前提過的，要求對方察覺我們的心思是強人所難的事情。珍惜重視對方的心思一定要明白地說出口，讓對方知道才行。

不良的會話例

粗體字的部分是不良的重點所在

A（兒子）：「老爸，你醉了嗎？」

B（父親）：「能夠跟你這樣面對面小酌，讓我覺得好快樂啊。」

A：「**哦。**」

B：「工作怎麼樣了？會不會很辛苦？」

A：「**馬馬虎虎啦。**」

B：「你小時候身體很差，我們照顧得很辛苦。看你現在已經長大成一個優秀的大人了……」

A：「**以前的事就別提了。再說，生病時照顧我的人是老媽吧？**」

B：「今天的酒喝起來格外可口哪。」

A：「**不就是平常的廉價酒。**」

姑且不論平時，有些話在特別時刻更是不可省略

一定有很多人不懂前面的會話哪裡出問題吧？

確實如此。對話內容其實並沒有特別值得商榷的地方。甚至可以說，這段對話讓人感覺到父子之間的溫馨情感。

平時的對話像這樣倒是無所謂。

但是，在特別的時刻或會話例中與父親對酌深談的時候，不妨來一個**【正面的撫慰】**吧？

何謂【正面的撫慰】？

每個人都有「想獲得別人認同」的需求。而**【正面的撫慰】**就可以滿足這種需求，能夠傳達**「我非常認同你」**的訊息。

聽起來似乎很難，**其實重點就在於「向對方說出溫馨的話語」**。

所謂的撫慰，用白話說來就是「安撫」、「安慰」的意思。

當我們在鼓勵他人的時候，總是會輕柔地撫摸對方的背部。

同樣的，用溫暖的話語安撫對方的心理，這種「心靈的肌膚接觸」就是所謂的【正面的撫慰】。

四種【正面的撫慰】

【正面的撫慰】有四大要素。

一、**讚賞**：稱讚對方。

二、**善意**：傳達你對對方抱持善意的事實。

三、**肯定**：表示自己的意見和對方的說法相同，表示贊同。

四、**存在價值**：傳達「因為有你陪在身邊」或「拜你所賜」，認同對方存在的價值。

若想長期維持親密的人際關係，隨時傳達這四項訊息是必要的。

即使無法一直這麼做，偶爾也要要刻意試著去傳達這四項要素。對你的朋友、情人、丈夫或妻子、父母、兄弟姊妹……

【正面的撫慰】會形成一種循環

經常主動傳達【正面的撫慰】的人，對方多半也都會回以【正面的撫慰】。

這種做法將有助於維持愉快的人際關係。

所以，我們最好主動傳達【正面的撫慰】訊息。

如果你很在意對方完全不肯誇讚自己，不妨先主動誇讚對方吧？

讓人不悅的言辭要適可而止

有時候即使想傳達**【正面的撫慰】**的訊息，**也會因為害羞而說不出口，甚至反而說出嚴苛的話。**

以上述的會話為例：

A：「不就是平常的廉價酒。」

這種程度的令人不快的話語倒還好，然而——

A：「以前的事就別提了。再說，生病時照顧我的人是老媽吧？」

這樣的發言內容會成為**【負面的撫慰】**。

也就是說，變成了**「我不認同你」**的訊息。這將會使對方感到沮喪，甚至傷害到對方。

說話的一方並非有意指責對方，只是認為這樣應該已經把自己的感謝傳達給對方了。可是，聽者卻無法冷靜地接受這樣的說辭。

對方甚至會產生質疑，心想：「原來在你心中我是這樣的啊……」

有時這種情緒的些微誤差，會造成關係的破裂。

雖說因為彼此親近才會口不擇言，偶爾不妨還是傳達一些【正面的撫慰】訊息。

如此一來，就算對方的心靈曾受到傷害，還是可以快速復原。

想到好的一面，就明確地說出口！

日本的落語（類似中國的單口相聲）中有所謂的「轉換橋段」。

爛醉而歸的丈夫對老婆極盡貶損之能，最後還要求老婆三更半夜出去幫他買下酒菜。

之後，丈夫若有所感地說：「雖然嘴巴上罵『妳這個醜八怪給我滾出去』，心裡其實對妳很過意不去，很想向妳道歉：『像妳這樣的人配我實在太可惜了。我真的會遭天譴的。』但還是忍不住說出難聽的話來……咦？原來妳還沒有出門啊！」

於是做老婆的一邊喜孜孜地笑著，一邊出門買菜去了。丈夫則因為被老婆聽到了真心話而驚慌失措。**同時卻也慶幸這段話被老婆聽到了。**

優質的會話例

畫線的部分是優質的重點所在
( )內則是說明優質的理由

A（兒子）：「爸，你醉了嗎？」

B（父親）：「能跟你這樣面對面小酌，讓我覺得好快樂啊。」

A：「我也很高興有機會跟爸爸小酌兩杯。」

（明確地傳達「善意」）

B：「工作怎麼樣了？會不會很辛苦？」

A：「從小就看爸爸努力工作的樣子長大，所以還難不倒我。」

（明確地傳達「讚賞」的話語）

B：「你小時候身體很差，我們照顧得很辛苦。看你現在已經長大成一個優秀的大人了……」

A：「現在我能這麼健康有活力，真是多虧爸媽的照顧。」

（雖然有點害羞，但是還是要說出認同對方的「存在價值」的話，例如「多虧您的照顧」）

B：「今天的酒喝起來格外可口哪。」

A：「嗯，確實很好喝。」

（同時要盡量加上許多同意對方意見的說辭）

step 5

關係越親密，越容易造成嚴重的傷害！——③

即使在爭執當中也要懂得誇讚對方！

不只是爭執的對象，和其他人對話時也要格外注意！

關係再怎麼親密的人，有時也難免會起爭執。

就因為關係密切，有時反而會說出對其他人絕對不會說出口的嚴苛話語。

這一點雖然也要注意。不過在此討論的並不是與爭執對象之間的遣詞用語。

在爭執當中，我們有時會對第三者提到起爭執的當事人：「那傢伙最差勁了！」

吵架的時候口出惡言在所難免。**其實這是非常危險的事情。**

不良的會話例

粗體字的部分是不良的重點所在

A（女兒）：「媽媽最討厭了！為什麼老是這樣！」

B（母親）：「妳才討厭，為什麼總是搞不懂！行為要有節制！」

……

C（第三者）：「妳說妳跟媽媽吵架了？」

A：「就是說啊！」

C：「妳媽媽是什麼樣的人？」

A：「不明事理又任性，什麼事情都只照自己的想法做……」

C：「妳們平常感情很好吧？」

A：「才沒有呢！她一點優點都沒有，我最討厭她了！」

批評與自己起爭執的對象為何不恰當

為什麼在他人面前批評與自己起爭執的對象是不好的事？

有人說「**不應該在當事人不在的時候說對方的壞話**」。但理由不只這樣。有時候，**壞話會一傳再傳，最後傳到當事人的耳裡時就會造成傷害**。前面也提過，從第三者口中聽到這些話，對當事人造成的衝擊會比當面指摘更強烈。但這並不是全部的理由所在。

自己說出口的壞話會扭曲自己的認知！

與人起爭執的時候，我們往往會覺得對方很過分，但這是因為憤怒的情緒使然，等我們的怒氣平息，冷靜下來之後，就會發現自己當下的看法產生了扭曲，也會開始清楚看到對方的優點。

然而，憤怒中一時衝動對第三者說出：「那傢伙是最差勁的人！」這樣的認知便會深植在我們心中。

之後就算怒氣已經消退，我們的認知已經像溶岩冷卻凝固成形那般，遭到了扭曲，仍然認為對方是「很過分的人」。

筆者所說的危險就是指這件事。

心理學者特沃斯基（Tversky）和瑪西（Marsh）做了這樣的實驗。

他們要求兩組人針對A先生寫一篇介紹文章，實驗時刻意要求一組人員只寫他壞的一面，另一組則只寫好的一面。

結果發現，兩組所寫的文章都比實際的情況更加極端。也就是說，壞的那組寫出來的文章比真實人物更壞，好的那組則寫得比真實人物更好。

由此可知，當我們針對某個人或事刻意說壞或說好時，總會在不自覺中誇大其詞。大家應該有過這樣的經驗吧。

問題是接下來的部分。兩組人寫完介紹文章後，再要求他們回想A先生的人物形象，**結果大家的認知都被自己之前所寫的介紹文影響了**。也就是說，寫負面評價的人認定A先生是比實際還要惡劣的人。寫正面評價的人則堅信A先生比實際還要好。

壞話只能當面對爭執的對象說

從這個實驗可以了解到「當我們把對方的人格具體化成語言，記憶就會依語言的內容產生變化（符合這些語言的事情會被回想起來，不符合的部分則很難存在記憶當中），對於對方的認知也會改變」。

舉例來說，當我們為了說明對方「不明事理」時，就會想起符合這種說法的枝微末節，刻意不去提到對方體恤他人的一面。

也就是說，我們會從記憶的底部將不好的事情都挖出來，卻將好的事情全部掩埋。於是，我們會感到更加憤怒，以至難以挽回。

爭執時對當事人口出惡言在所難免。因為一般人都無法忍耐。

不過，千萬要記得，不要對第三者說當事人的壞話。至少我們可以做到這一點吧？

只要多加留心，就不會一口認定對方是一個比實際更加惡劣的人，而枉費了彼此的交情。

就算在爭執期間，也要向他人稱讚對方！

此外，對他人提起雙方爭執的事情時，可以的話，請盡量稱讚對方。**避免提到對方不好的部分，只提對方的優點。**

如此一來，不但可以消弭本身的怒氣，也會比之前更喜歡對方。你會告訴自己：「再怎麼說，他也是有優點的。」

會與你發生爭執，有時代表對方是可以坦白表達情緒的重要存在。就算事實並非如此，與他人保持良好關係還是很重要。

為了避免後悔莫及的狀況發生，**即使是爭吵最激烈的時候，與他人談及此事，還是記得要說「那個人也是有優點的」。**

優質的會話例

畫線的部分是優質的重點所在
( ) 內則是說明優質的理由

A（女兒）：「媽媽最討厭了！為什麼老是這樣！」

B（母親）：「妳才討厭，為什麼總是搞不懂！行為要有節制！」

……

C（第三者）：「妳說妳跟媽媽吵架了？」

A：「唔。」

C：「妳媽媽是什麼樣的人？」

A：「平常很體貼，很為家人著想，對我的事情也很關心，為我考慮很多……」

（生氣時要說出這樣的話是很難的，但是跟別人提到當事人時，要盡量想起對方的優點。因為平常感情很好，所以一定清楚對方的優點所在）

C：「妳不氣妳媽媽了嗎？」

A：「還是會啦。可是，別看她那樣，她也有優點啊。其實我不討厭她。」

（就算只是嘴巴講講，也不要說對方的壞話或說出「討厭」之類的字眼。在盛怒之餘，我們往往會不自覺地順勢就說出來，這是要特別注意的地方）

在黑暗的環境中可以拉近心靈的距離

很多人有這種經驗，在畢業旅行的夜裡和朋友窩在一起說心裡話，譬如自己心儀的對象，以及其他點點滴滴的私事。出外旅遊激發出的興奮之情是原因之一，但最重要的因素是和朋友一起過夜。

在黑暗當中，一般人的【親和傾向】會提高。讓人容易說出真心話，也比較容易對對方產生深度的親密感。在電影院觀賞電影之所以比較容易移入感情，也是因為置身於黑暗的緣故。男女約會時一定會去看電影，也是因為黑暗會縮短兩人之間的心靈距離。

根據心理學者葛根（Gergen）的實驗，如果把年輕男女放到一間漆黑的房間當中，即便是完全陌生的兩人也會熱烈地交談，接著互相觸摸，甚至互相擁抱起來。

想敞開心房聊天時，不妨把房間的光線調得稍微暗一些吧。

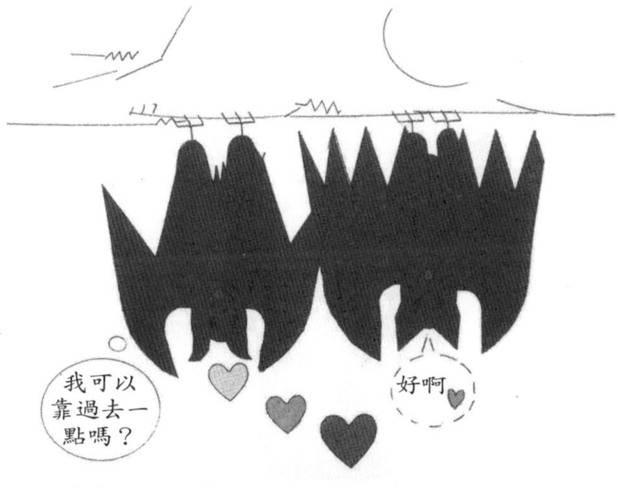

step 5

關係越親密，越容易造成嚴重的傷害！——④

可以批評對方的行為，但是避免針對性格做攻擊！

當對方有讓妳看不順眼的地方該如何啟齒

即便是關係親密的對象，有時候還是會有讓我們看不順眼的地方。彼此的缺點也是因為關係親密才看得出來的。

有時候在不自覺的情況下，我們實在很想要求對方「你改改這個缺點」。這件事本身沒有什麼問題。對當事人而言，親近的人所提出的忠告是有助益的。而且比出自不熟識的人之口更讓人容易接受。

但是，問題在於說話的方式。千萬注意不要因為雙方關係親密，不自覺使用了嚴苛的語氣。更重要的是，**我們可以批評對方的行動，但是最好不要針對他的性格做指責。**

不良的會話例
粗體字的部分是不良的重點所在

A（丈夫）：「走廊上掉了一條芥末醬，是妳掉的嗎？」

B（妻子）：「我才在想丟到哪裡去了。」

A：「**妳的性格真是太散漫了！**謹慎一點嘛！」

B：「我正想吃生魚片的時候，宅急便的人來了，害我一時慌了手腳嘛。」

A：「**妳本來就是個急驚風！改改個性吧！**」

B：「這種事情能說改就改嗎？不如你連我的部分一起改吧。」

A：「別說這種任性的話！**真是個以自我為中心的傢伙！**」

B：「有必要為了一條芥末醬把我說成那樣嗎？反正我就是很糟糕啦！」

「會分手的情侶」和「不會分手的情侶」會話模式的差異在這裡

有很多人對戀人或丈夫．妻子心存不滿。也有不少人會向外人抱怨另一半。但是，明明不斷抱怨，雙方的關係卻依舊持續下去，這樣的例子不在少數。

相反地，也有人不是那麼常訴說不滿，卻難挽分手的命運。

關係長久和分手，兩者之間有什麼決定性的差異嗎？

事實上是有的。

根據心理學者艾伯特（Albert）的研究，**針對對方的「行動」表達不滿的男女，其實不會有什麼大問題。**

可是，針對「性格」表達不滿的男女卻有嚴重的問題存在。分手的風險相當高。

就算抱怨或說壞話的次數不多，針對性格進行批判還是會造成嚴重的傷害。抱怨對方或說對方的壞話時，質比量更重要。

「埋怨對方的行動，不針對性格做批判」

當然，行動關乎著個人的性格，只針對行動抱怨而不針對性格多置一詞，或許有些難度。

舉例來說，「房間凌亂」的行動可以說是個人的性格使然。所以，我們往往會不自覺地怒罵對方「個性吊兒郎噹！」，但是這樣的指責就等於是批評對方的性格。

最好的辦法是完全針對行動來做批評：「不要把房間弄亂！」這麼一來，我們傳達的訊息就只是「**我只對你的行動結果感到不滿，並不是討厭你**」。要而言之，就是「**抱怨行動，不針對性格做批判**」。

相反地，如果不是針對行動，而是批判對方的性格，將會導致我們對對方的厭惡感大幅提升。

「雖然對行動有意見，但是可以接受這樣的性格」和「無法接受這種性格」，兩者之間有著天壤之別。

希望對方改善，就要採用讓人容易改善的說話方法

此外，**「行動」還可以有修正的機會，但是「性格」就不是那麼簡單就可以矯正的了。**

對無法修正的事情有所抱怨或口出惡言，就淪為單純的追剿。反而會引發反感，或使對方感到沮喪。

對對方的行動有任何意見時，**盡可能具體說出來，效果會比較好。**

舉例來說，不要劈頭就罵「不要把房間弄得亂七八糟」，而是具體建議「把脫下來的衣服放在這裡，垃圾丟進這裡，就這些事情拜託你做好」。

如此一來，對方想要改進的心情應該遠比被批評「個性吊兒郎噹！」要強烈得多。不管是對對方而言，或者對我們自己來說，這樣的結果都要好得多。

總而言之，當我們對對方有所不滿時，**要秉持著「抱怨行動，不針對性格做批判」的精神，避免指責對方的性格，只針對對方的行動要求改善，並盡量採用對方容易改善的說法。**

當然，這樣的觀點不只限於情侶之間，不管對誰，最好都這麼做。

優質的會話例

畫線的部分是優質的重點所在
( ) 內則是說明優質的理由

A（丈夫）：「走廊上掉了一條芥末醬，是妳掉的嗎？」

B（妻）：「我才在想丟到哪裡去了。」

A：「竟然會掉在走廊上，實在太過分了！生鮮食品要確實地放回冰箱冷藏啊！」

（只批評對方的行動，不要批判其性格，譬如「吊兒郎噹」等。此外，具體交代「把生鮮食品確實地放回冰箱冷藏」比「謹慎一點嘛！」要好）

B：「我正想吃生魚片時，宅急便的人來了，害我一時慌了手腳嘛。」

A：「不要拿著芥末醬就跑去應門！事情要一件一件來嘛！」

（不要指責對方的性格「急驚風」或要求對方「改改性子」）

B：「這種事情能說改就改嗎？不如你連我的部分一起改吧。」

A：「不要說這種任性的話！自己的事情自己負責！」

（要求對方改變行動「自己的事情自己負責」和攻擊對方的性格「以自我為中心」，相較之下，前者代表的意義比較堅決而明確）

B：「是！是！知道了啦。那麼，我先去把芥末醬放回冰箱。」

step 5

關係越親密，越容易造成嚴重的傷害！——⑤

活用【米開朗基羅現象】！

用會話的力量「改變一個人」

到目前為止，我們討論了許多問題，現在該進入總結的部分了。

基本上，前面的部分談的都是「應該費心注意的部分」。如果我們改變行事的模式，對方當然也會自然產生變化。這是很重要的一點。

但是，就算再怎麼小心，還是會有人連珠砲似的對我們說出傷人的話。前面已經提到過，面對這種失控的人，我們只有避開一途，但是，**有時對方是我們想避卻避不掉的身邊人。**

難道就無法讓這種人往好的方向改變嗎?改變一個人真的有那麼難嗎?**其實是可以的!而且是靠著會話的力量。**

不良的會話例
粗體字的部分是不良的重點所在

B（男性友人）：「妳換髮型了？這個髮型跟妳完全不搭啊。」

A（女性友人）：「**什麼意思？你真是沒神經耶。**」

B：「算了，反正也沒有人會看妳，無所謂啦。」

A：「**老是說出這種討人厭的話，這就是你個性冷漠的證據。**」

B：「反正我就是不體貼的人嘛。」

A：「**走路別要死不活的，抬頭挺胸啦。你就是精神太鬆散了。**」

B：「才不是。我只是覺有點累。」

A：「**動不動就喊累、累、累，真是一點耐性都沒有。**」

B：「也許吧。我對任何事都沒什麼興趣。啊，覺得越來越累了。」

人是可以改變的嗎？

相信每個人都有過「想改變某個人」的想法吧？譬如，想矯正戀人的問題，或讓屬下有所成長、想發展朋友的優點等。有時候當事人也急欲自我改變，「我想成為更〇〇的人」，我們也想助其一臂之力。

但是，改變一個人不是那麼簡單的事情。**也有人認為「想改變一個人，簡直是不自量力的行為」。甚至也有人說「本性難移」。**

事實上又如何呢？

激發出對方內心的「另一面」

其實有一種方法叫**【米開朗基羅現象】**。

雕刻家米開朗基羅認為**「雕刻不是由我賦與石頭某種形狀，而是這個形體原**

本就沉睡在石頭當中。雕刻家只是將其形狀給雕刻出來而已」。

人的心理機制，其實跟雕刻有異曲同工之妙。

人的心中沉睡著各種要素。

目前我們所表現出來的只是當中的一部分而已。只要能喚醒沉睡中的其他要素，這個人就會有很大的改變。

「由周遭的人激發出當事人原本就具有的要素」，就是所謂的【米開朗基羅現象】。

人是可以大幅改變的！

「本性難移」這樣的說法是正確的，同時也是錯的。

人無法變成截然不同的人。

但是，如果能夠激發出一個人內心深處原本就具有的要素，他就會大幅地改變。**所以，也可以說「本性可移」**。

指出對方言行當中的優點！

那麼，具體說來，該怎麼做才好呢？**其實只要舉出對方平常的言行舉止當中我們想要他提升的部分就可以了**。

舉例來說，「希望他成為一個體貼的人」。再怎麼不懂體貼的人，也一定會講一些體貼的話或做一些體貼的事情，**只要指出這一點，告訴對方「你真是一個體貼的人」即可**。

如此一來，對方就會產生「原來我也會體貼他人」的自覺。**這份自覺可以更加激發這個特質**。不斷反覆這樣的過程，對方就會產生大幅的變化。

想讓對方培養出決斷力，只要在對方偶爾做決斷的時候誇讚對方「你真是有決斷力啊」。

希望對方變可愛一點的時候，當他偶爾露出可愛的一面時就稱讚「原來你也有可愛的地方」。

當然，當我們這樣做的時候，一開始對方可能會否認「我才不體貼呢」或「我是個優柔寡斷的人……」、「我一點也不可愛」。儘管如此，只要不斷重複這樣的模式，漸漸地就會顯現出效果來。

沉睡在我們內心深處的特質經過不斷地刺激之後，就會浮出表面。

小心不要激發出負的一面！

也許讀者已經發現了，這種做法也可以使用來激發對方負的一面。可能有不少人在不自覺的情況下這樣做了。

譬如當對方稍微做錯什麼時，就直接指責「這就是你糟糕的地方！」、「誰叫你優柔寡斷」、「真是個冷漠的人」。根據【米開朗基羅現象】的理論，這幾句話都會益發激發對方的負面要素。請務必注意。

指出他人好的一面不但能幫助到對方，也對在他身邊的自己有益。

會話的力量

當我們想要改變一個人的時候，往往會以強制的語氣要求對方：「你要改變這一點！」可是，這種方法是達不到效果的。

請務必嘗試可以激發對方內在要素的【米開朗基羅現象】。

這是一件很耗時的工作，也有其難度在。但卻很有道理。

日常生活會話的累積，可以激發出對方內在的優點，就如同用鑿子和槌子慢慢地從石頭中雕刻出美麗的形體一樣。

會話就是具有如此巨大的力量。務必把這種力量運用在好的方面。

這是筆者最後想提醒大家的一句話。

優質的會話例

畫線的部分是優質的重點所在
( ) 內則是說明優質的理由

B（男性友人）：「妳換髮型了？這個髮型跟妳完全不搭調啊。」

A（女性友人）：「能這麼明確指出一般人難以啟齒的事，你真體貼。」

（如果指責對方「沒有神經」，就更會激發出這種負面要素。所以努力找出對方的優點吧）

B：「啊？算了，反正也沒有人會看妳，無所謂啦。」

A：「怎麼會這麼說呢？你不是馬上就注意到我換髮型了？明明就是個很體貼的人。」

（以對方的言行舉止為證據，表示「從這點就知道你有體貼的特質」，這樣比較有說服力）

B：「我一點也不體貼啊。」

A：「現在你不也為了配合我的步伐，刻意放慢速度走路嗎？」

（即使對方自我否定「一點也不體貼」，也要再提出「體貼」的證據）

B：「才不是。我只是覺有點累。」

A：「你又在害羞了。其實你一直都默默地表現出對他人的體貼。」

B：「真是敗給妳了～看妳行李好像挺重的，要我幫忙嗎？」

（實際上也許無法立刻顯現出效果，但確實可以漸漸地激發出對方的體貼特質）

第二十二步　別說「連這種事情都不懂」！

例：**「為什麼就是不懂呢！」**

→「因為我真的這麼覺得。」

第二十三步　因為關係親密才更需要用到的四種誇讚用語！

例：**我不說你應該也知道吧！**

→「我很感謝你，也很尊敬你。」

第二十四步　即使在爭執當中也要懂得誇讚對方！

例：**「那傢伙真的太差勁了！」**

→「雖然我們吵架了，但是那傢伙也有他的優點。」

第二十五步　可以批評對方的行為，但避免針對性格攻擊……

例：**「真是太以自我為中心了！」**

→「仔細聽清楚我說的話。」

第二十六步　活用【米開朗基羅現象】！

例：**「你就是這一點讓人討厭。」**

→「你就是有這個優點。」

後記

但願能減少人們「受到傷害」的機率

我們越來越常聽到「我被那個人說的話傷到了」、「不經意的一句話傷害到對方了」這樣的話。

而且機率好像有大幅增加的趨勢。

本來交情良好的朋友因為一個小小的言辭上的磨擦，從此不再交談，雙方僵持了好幾年；對上司的某句話遲遲嚥不下那口氣，最後甚至辭職。類似這樣的事情絕對不在少數。

筆者（津田秀樹和西村銳介）經營一個名為「正統心理測驗」的手機官方網站，由津田負責主控，西村負責專欄和煩惱諮詢的部分。

這個網站有一個叫「Cha-no-ma」（茶水間）的專區，可以讓讀者互動。看到有越來越多人在這個專區寫下「受到傷害」、「有人說我傷到他了」之類的文章，不禁讓我們心有所感。

有人說「容易受傷的人越來越多了」。個中原因有諸多說法。

但是，本書姑且不把重點擺在這上頭。

追究原因固然重要，但想辦法改善目前人們不斷互相傷害的會話模式更具迫切性。

筆者兩人各自負責自己的文稿，最後由津田整合全文。

此外，要藉由這個版面感謝認同本書的主旨、不辭辛勞出版本書的 Magazine House 股份有限公司・第一書籍編輯部的長居廣先生。

也要感謝提供我們執筆寫作契機的「Cha-no-ma」（茶水間）的各位。

最後，耐心看完本書的各位讀者，由衷致上我們誠摯的謝意。

津田秀樹、西村銳介

高寶書版集團
gobooks.com.tw

新視野 NewWindow257

心理專家的說話技巧：
拯救玻璃心！教你不毒舌、不傷人，好好說出真心話

精神科医や心理カウンセラーも使っている　傷つかない＆傷つけない会話術

作　　者　津田秀樹、西村鋭介
譯　　者　陳惠莉
編　　輯　鄭淑慧、陳柔含
封面設計　黃馨儀
內頁排版　賴姵均
企　　劃　鍾惠鈞

發 行 人　朱凱蕾
出　　版　英屬維京群島商高寶國際有限公司台灣分公司
　　　　　GlobalGroupHoldings,Ltd.
地　　址　台北市內湖區洲子街 88 號 3 樓
網　　址　gobooks.com.tw
電　　話　(02)27992788
電　　郵　readers@gobooks.com.tw（讀者服務部）
傳　　真　出版部 (02)27990909　行銷部 (02)27993088
郵政劃撥　19394552
戶　　名　英屬維京群島商高寶國際有限公司台灣分公司
發　　行　英屬維京群島商高寶國際有限公司台灣分公司
初版日期　2012 年 07 月
二版日期　2023 年 03 月

國家圖書館出版品預行編目（CIP）資料

心理專家的說話技巧：拯救玻璃心！教你不毒舌、不傷人，好好說出真心話 / 津田秀樹，西村鋭介著；陳惠莉譯 . -- 二版 . -- 臺北市：英屬維京群島商高寶國際有限公司臺灣分公司，2023.03
　面；　公分 .--(新視野 257)

譯自：精神科医や心理カウンセラーも使っている：傷つかない & 傷つけない会話術

ISBN 978-986-506-653-6(平裝)

1.CST: 說話藝術　2.CST: 溝通技巧　3.CST: 人際關係

192.32　　112000578